一流の課長の仕事

すべては「課長」できまる

仙波孝友

興陽館

はじめに

あなたは、本当に「課長の仕事」できていますか？

こんにちは。はじめまして。

私は、経営コンサルタントの仙波と申します。

これまで、いろいろな会社の経営を見てきました。

社長、部長、課長、そして一般社員の人たちから、聞き取りをし、データを調べて解析してきました。


「こうすればいいですよ」

「こうすれば儲かりますよ」

こうしたアドバイスで、死にかけていた会社がみるみる生き返るときもあります。

もちろんそんなにうまくいく場面ばかりではありません。

苦労することもあります。

そんな私が強く思うのは、成長している会社、停滞している会社には共通点がある、ということ。


それは、ずばり、課長です。


成長している会社には「一流の課長」が、停滞している会社には「三流の課長」がいます。

輝いている一流の課長は社長からの信頼も厚く、課長をワンステップとしてさらに上位職に出世していく勢いがあります。

冴えない三流の課長は、この先、左遷やリストラにあっても不思議ではないように見えます。

チームもバラバラで、業績も悪化しています。

あなたは、どちらでしょうか。

あなたが、まったく駄目な課長だったら、どうなるのか。

部下からは、まったく信用されていない。
だから、誰もあなたの話を聞こうとしない。
あなたは、感情的になり、力ずくで言うことを聞かせようとする。
部下たちは、あなたの真意を理解せず、同じ間違いを繰り返す。
なにも変わらない。部下は成長しない。
お金の使い方がわからない。
経費ばかりを使って、利益が出ない。
課長をはじめ、誰も決断せず、誰も責任をとらない。
会社に損失を与え続けます。

一方、あなたが一流の課長だったら、どうでしょう。

一流の課長は、「コミュニケーション力」があります。
一流の課長は、「固定費」と「製造費」の違いを知っています。
一流の課長は、「会社のお金」を正しく使います。
一流の課長は、「部下の力」を最大限に引き出します。
一流の課長は、「失敗」を絶対しません。

会社の業績はあがり、部下は成長を続けます。
強い会社、一流の会社へと育っていくのです。

会社というのは、人間関係です。
会社で起きる多くの問題も、人間関係が原因です。
この人間関係を強くしなければいけません。
強い信頼関係を築かなければならない。
この信頼関係を作るのが、課長です。

人間の決断、行動、仕事、人間関係、モノ、お金……。

すべては生きるためにあります。

会社が生き物だと考えると、それぞれのメンバーが、「今なにをすればいいのか」がわかってくる。


社員に一番近いところにいる課長が変わると、会社が変わります。

現在、業績が悪化していても必ず立ち直ります。

必ず、今よりよくなります。

職場の人間関係がよくなり、社員はイキイキと働きはじめる。

社長から社員ひとりひとりまでの気持ちをひとつにするのは、課長の仕事。

中間管理職といわれる課長はまさに会社の人間関係の中心にいます。

課長の強さが会社の強さになるのです。


そんな「課長の仕事」について伝えたい。

私はずっとそう願っていました。

今回、こうして課長の思考、役割、人の育て方、計数感覚、上司や部下とのコミュニケーションのとり方、理想の持ち方まで書きあげました。

この本に書いてあること、これが「一流の課長」の仕事のすべてです。ぜひ、読んで活用して頂きたい。

自分を成長させることができるのは、あなた自身です。
それが会社を成長させます。

一流の課長が、一流の会社を作る。

この本が、あなたとあなたの会社を成長させることに役立てば幸いです。

一流の課長の仕事　目次

第2章 一流の課長になるための「10のスキル」!

第3章 上司と部下を動かす「一流の課長の言葉」！

第4章 一流の課長が知らなくてはいけない「計数感覚」！

第5章 一流の課長が「会社を強くする」！

装丁……フクダデザイン
図版……有限会社ザイン

第1章

「一流の課長の仕事」ここが違う!

1 課長は会社の中心！

あなたの会社にはどのような役職の人がいるでしょうか。

一度、会社を見渡してみてください。

たいていの場合、会社のトップには社長や会長がいますよね。その下に専務や常務などがいます。ここまでが経営陣などと呼ばれる人たちです。

その下は事業ごと、地域ごとなどの区分でいくつかにわかれているのが普通です。それらの区分を事業部と呼び、部長がそれを管轄しています。

各事業部はさらにいくつかの課にわかれています。

その課をまとめているのが課長です。課長の下には部下たちがいます。

会社は、ひとりの力では手に入れられないような大きな利益を得るために、このような形で人が集まっている組織なのです。

本書をお読みのあなたは、これから課長になられるのでしょうか。それともすでに課長なのでしょうか。課長に期待する社長、部長なのでしょうか。あるいは、課長という役職について考えてみたいという方もいらっしゃるかもしれません。

いずれにせよ、はじめに押さえて頂きたいことはひとつです。それは、

課長は会社での人間関係の中心

だということです。ここは重要なポイントです。

課長は、社長などの経営陣から見れば末端の部下よりも近い存在です。それでいて、部下にとってみても社長などよりもずっと近い存在です。どちらからも距離が近いがために、それぞれから頼られる存在なのです。

課長のようなポジションを中間管理職などと呼びます。

中間管理職である課長は、社内の人間関係を円滑にするための中心となる、大切な役目を果たしているのです。

人間関係を円滑にし、会社のメンバーをまとめ、信頼関係を築くことができれば、あなたもきっと一流の課長の仲間入りができることでしょう。

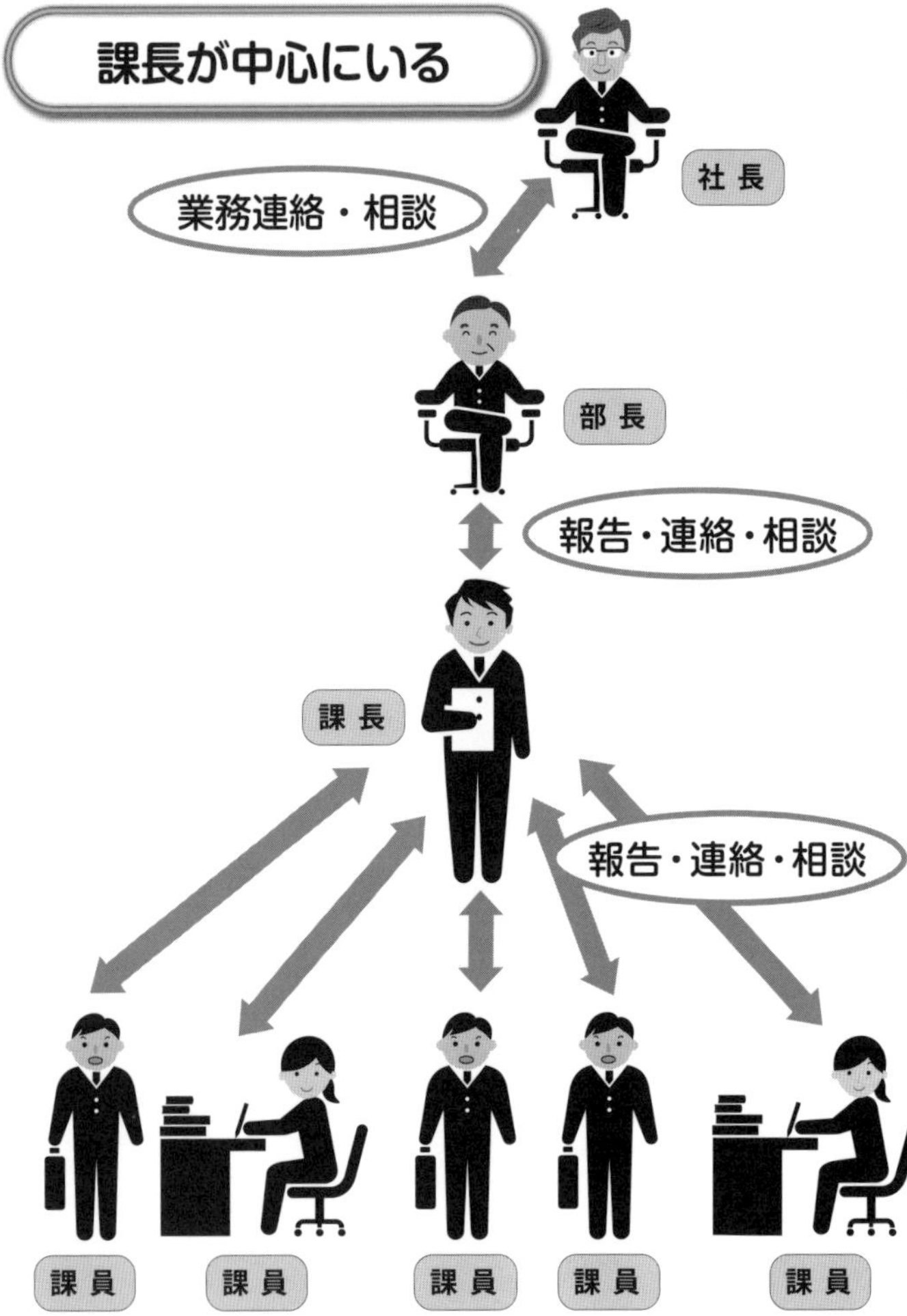
課長が中心にいる
社 長
業務連絡・相談
部 長
報告・連絡・相談
課 長
報告・連絡・相談
課 員
課 員
課 員
課 員
課 員

課長は中間管理職、一般に中間管理職は課長、係長

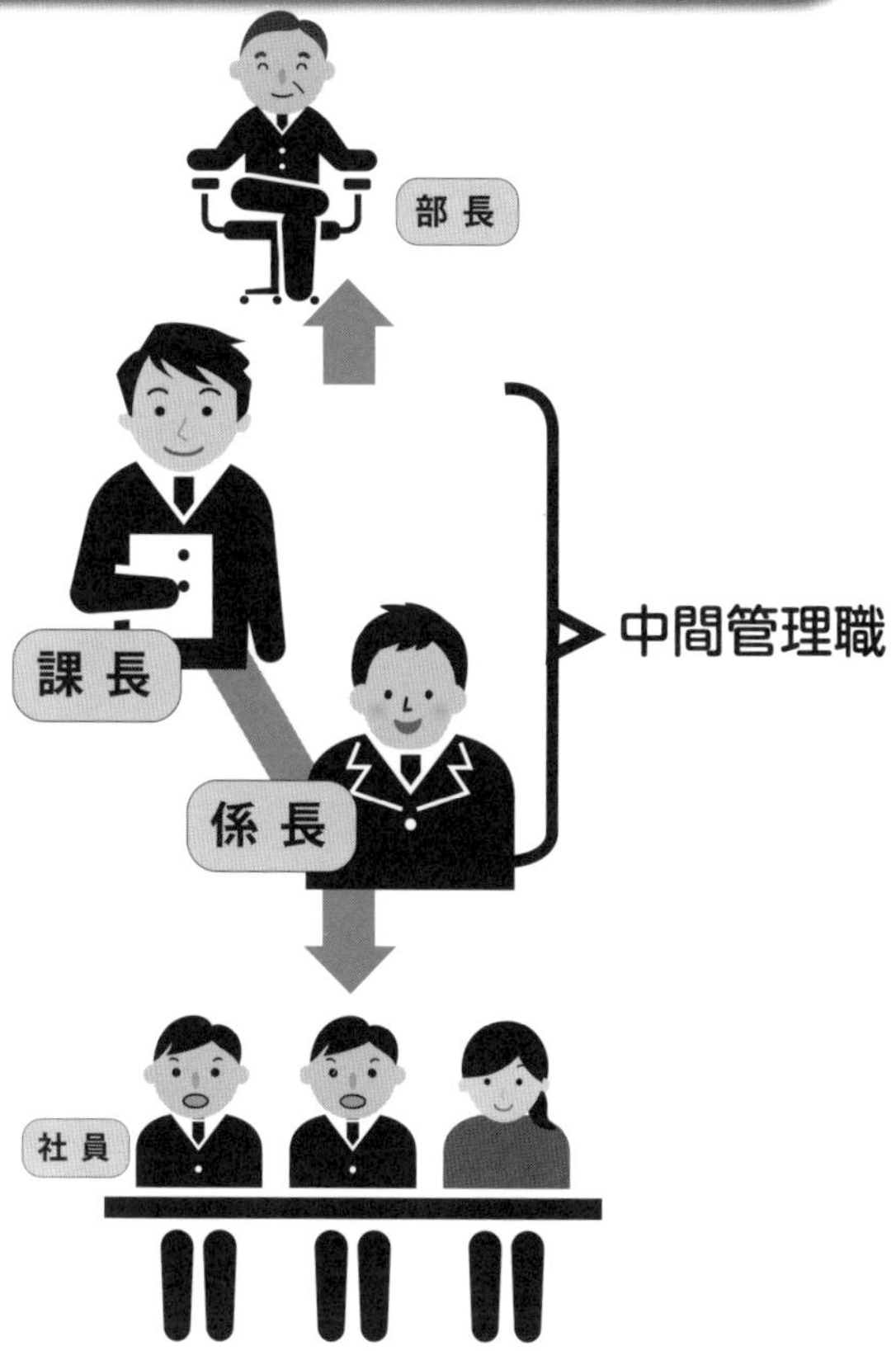

2

「課長の仕事」「社長の仕事」ここが違う！

私はコンサルティングを行う会社でいつも、次のような質問を課長に投げかけることにしています。

課長がすべき一番大切な仕事は何ですか？

返ってくる答えでもっとも多いのは、「会社の収益をどうにかしてあげる」というものです。確かに、会社が利益をあげることは大切ですし、その利益が自分や部下の給料につながっていくわけですから、その気持ちはわからないでもありません。

しかし、収益をあげる方法を考えるのは、課長の仕事ではありません。

それは社長の仕事です。

社長の仕事は、会社を運営していくために必要な資金調達を行うことや、世間での会社の体裁を整えることにあります。

そうして集めた会社の経営資源をどこに投じ、どんな事業を行い、どのように稼ぐかを決めることもまた、社長の仕事なのです。

課長のあなたの仕事は、トップである社長の決断を元にして、社員の行動を管理するところにあります。

もし社長が社員の行動を1から10まで管理していたら、どうなるでしょうか。

社員の数が少なければまだ問題は少ないかもしれませんが、一定以上の規模になると労力的に無理が生じることは目に見えています。また、社長が末端の部下の状況や個々の仕事の事情までを把握することも難しいと考えられます。

そんな社長に決断を求めるのは酷な話というものです。

そこで登場するのが課長のあなたというわけです。課長は、こちらも後述しますが、会社の事情をもっとも把握しやすいポジションにいます。

そのポジションを生かして、上司の判断をすぐに部下に伝え、部下の仕事で生じた課題や問題をすぐに上司に伝えることこそが、円滑なコミュニケーションを生む、課長の一番大切な仕事となるのです。

3

「課長の仕事」「一般社員の仕事」ここが違う！

あなたが課長に昇進したとします。
ひとつの課を任されることになりました。
あなたは、これまで以上にがんばって課の成績をあげようと努力します。
しかし、思うように実績が出ません。
なぜなのでしょうか。
それは、あなたが、仕事のやり方を変えないからです。

社長の仕事は、収益（金銭）の管理です。
課長の仕事は、人の管理です。
一般社員の仕事は業務の管理です。
このことを正しくあなたは認識しているでしょうか。

自分がやるべき仕事をしっかりと遂行することが、業務を管理することです。問題は、会社の業務はひとりで行っているわけではないという点です。会社の業務は、大勢の人が関わり、ひとつの業務として成り立っています。その大勢の人たちが、好き勝手に自分の業務だけを遂行していたらどうなるでしょうか。

当然、業務は川の流れのように、上から下へ滞りなく流れなくてはなりません。その流れのスピードが所々で変わっていては、どうなるのでしょうか。川の流れは途中で滞り、溢れ出してしまいます。

だからこそ、流れの速さを管理する（個別の業務の達成具合を調節する）人が必要になります。それが、管理職といわれる課長なのです。

その課長のあなたが、業務の流れを滞らせないために欠員の補充として業務に組み込まれることは、本当に会社のためになるのでしょうか。

確かに、業務を滞らせないことは、会社にとって重要なことです。しかし、業務を遂行しても、結果として収益を悪化させては、本末転倒です。業務を滞らせることは会社として許されません。欠員がいようと、最善の策を考えて決断することが、課長がやるべき人の管理であり、それが最善の収益をあげることになります。

決断を下す課長が、日々の業務に追われて、「俺は忙しいから、勝手にやれ」と言い出したら、その課長は最善策をとっていると言えるのでしょうか。


あなたは、もう一般社員ではありません。

自分の業務だけ遂行していていいわけがありません。

あなたのチームに責任を持つ立場なのです。


万が一、結果が伴わなかったとき、誰が責任をとるのでしょうか。

当然、「勝手にやれ」ということは、個々の業務を担当している社員の自己責任と言われかねません。そのような状況に置かれて、一般社員は安心して業務に邁進することなどできるはずがありません。

そのような会社に信頼関係など成立しません。だからこそ、人を管理する課長の職務をまっとうすることが重要なのです。

あなたは、課長の仕事をしっかりやることです。

課長は人の管理をする

全体をみながら人（チーム）の管理

しっかりまとめる

数字をだす

4 課長に「会社が期待すること」

経営が傾いている会社の多くは、中間管理職である課長が何も決断していません。決断というと少々大げさかもしれませんが、どんなささいな判断であっても、すべて社長にお伺いを立てているのです。そして社長もまた、すべての判断を自分ひとりで下そうとしています。

私はこれまで、そんな会社を山ほど見てきました。

確かに、社長が下すべき種類の決断もあります。しかし、1から10まですべて社長に確認していたら、仕事のスピードはどうしても落ちてしまいます。

社長は末端の部下、つまり現場からもっとも遠くにいる存在です。現場の事情は、社長よりも課長のあなたのほうがわかっていることでしょう。それなのに、課長が社長にすべての判断を仰ぐというのは、ほぼ意味がないことだといえるでしょう。社長が一般論や経験論を元にすべてを判断して、それを元に行動している会社もまた、たくさん見てきました。一般論や経験論は、それ自体まったく無駄だとは言いません。しかし、社長と同じ経験をしていない人には役立たないのです。

そこで課長のあなたには、社長に代わって決断することが期待されています。

そもそも会社のトップである社長の決断は、そうやすやすと取り消せません。会社内ではまだ認められても、対外的には認められないのが普通です。しかし、課長の決断ならば、場合によっては取り消すことだってできるでしょう。

そうして、試行錯誤しながら前に進んでいくことができます。

もちろん、自信を持って決断した結果には責任を負う覚悟が伴わなければなりません。決断が正しかったか否かは結果で判断される、厳しい世界です。

しかし、そのような課長のあなたの決断に、会社は信頼をもって応えてくれるはずです。信頼関係は平等で、対等な関係です。会社と信頼関係を築き、その中で努力し、成長を続けていく課長は、自分も会社も強くしていくように感じられます。

情報の集まりやすい課長の特徴

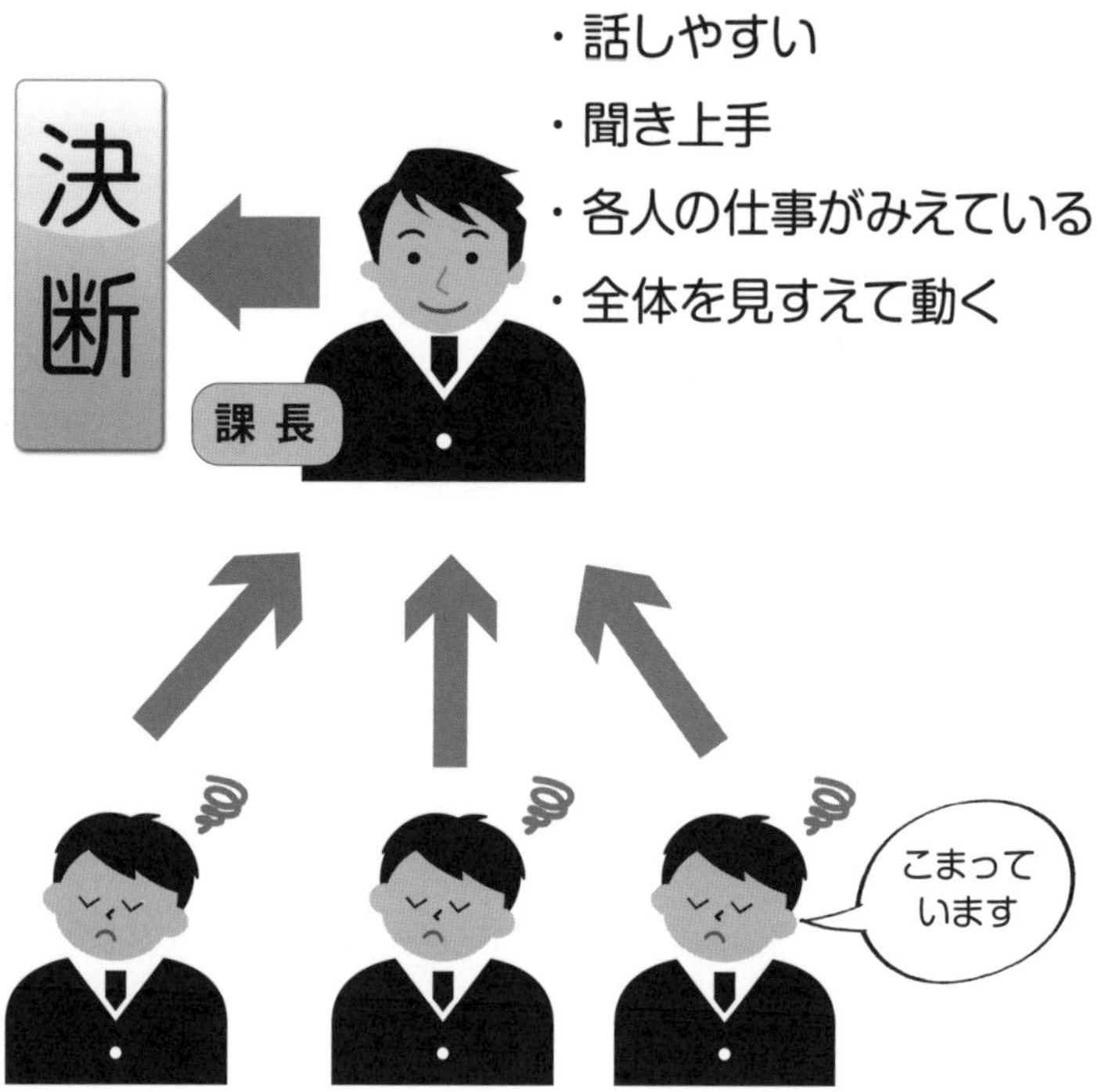

5 「課長の決断」ここが大事！

決断は、「自分の恐怖心を断ち、自分の行動を決める」ことです。

それをするためには、まずはじめに、あなたは情報収集をすることです。

課長のあなたは上からも下からも情報を集めやすい立場にいます。

そうして集まってきた会社の情報は、いまやるべきことを決断する材料となります。あなたは自ら決断できるだけの情報を集め、決断を下していくことが会社から求められているのです。

もちろんそれは黙っていても手に入るものばかりとは限りません。自ら不足している情報を追い求めていく姿勢が重要です。そして、集めた情報を積極的にあなたが上司・部下に伝えることが、いわゆる報連相（報告・連絡・相談）・社員教育となるのです。

情報収集と報連相
（報告・連絡・相談）
情報
情報
情報
情報
課長
報告
連絡
相談
上司
部下
会社を強くする！

6 課長は会社を生き残らせろ

会社のことを法人と呼びます。辞書を引いて法人を調べると「法律上の権利義務の主体となることができるもの」などと記されています。なんだか難しそうですが、要するに法律によって人と認めたもの、という意味です。

課長が「会社は人間のように人格を持っている」と認識していない会社は、もうすぐ潰れるかもしれません。

少々厳しい言い方ですが、私が見てきた会社の中には、会社にそうした人格、さらには生存権があることを意識していないところもありました。

そして、そうした会社の多くは倒産を余儀なくされてきたのです。

会社には法人という個人として存在する権利があるのです。つまりは人と同じで生き残る権利がある、ということです。この点が理解できないままに、会社をより改善させていこうとすると、会社内で反発が生まれることになるのです。

人も会社も「生きよう」としているから当然のことです。

会社という集団は、個人が集まってできています。個人を人とすると、集団は人間ということになります。

ここで考えておきたいのが、人（=個人）としての本当の目的は何なのか、また人間（=集団）としての本当の目的は何かということです。

人としての目的は、当然「生きること」です。

そして、人間が持つ目的も、やはり、「生きること」で変わりはないのですが、人間は人が集まってできていますから、とくに「一緒に生きる」ということが必要になってくるのです。

会社は英語で「company」といいますね。これは「com（ともに）」と「pan（パン）」を組み合わせて作った言葉です。

「ともにパンを食べる仲間」

日本語でも「同じ釜の飯を食う」などとも表現しますが、それこそが人間、もっといえば会社の存在する本当の目的なのです。

7 課長の「すぐやるべきこと」

前項で、会社は人間のように人格を持っていること、そして会社は生きたがっていることを説明しました。

会社（＝集団）を作るのは、そこに勤める社員（＝個人）たちです。

集団を作る個人は、ただ自分だけが生きるために行動すればいいわけではありません。集団を作る個人のすべてが、生き残れなければ意味がありません。

これは、なにも課長に限ったことではありません。会社という組織に属する以上、自分以外の個人にも生きることを望み、全員が生き残れるように行動しなくてはなりません。そうしなければ、集団としての目的を果たせないことになってしまいます。

目的を果たせないということは、得られる結果がマイナスだ、ということです。その結果、会社は崩壊し、社員はそこから放出されることにもなりかねません。そうなると、個人としての「生きる」という本当の目的を達成できなくなってしまいます。目的を一緒にしてきた集団と個人の関係がなくなると、今後は自分の生活を脅かす存在になってしまうのです。

残念ながら、会社が崩壊する前には、「自分さえよければいいや」と、個人プレーに走る社員が出てくるものです。

ときには他の社員や会社そのものの「生きる」という目的を妨害することもあるのです。

そこには社員が自分だけは生き残りたいという本能が働いているのでしょう。しかし、そんな妨害はまったく意味がありませんし、正当性に欠けます。

ドラスティックな変革は、ときに組織を崩壊させます。

アメリカ型の組織論が日本の会社を潰していく事例は数多くあります。

課長のあなたには、たくさんの個人の意識をひとつにまとめる力が求められます。

会社にはたくさんの人が集まっていますが、それでも法人という個人として存在する必要があるのです。

そのためには、たくさんの人の意識をひとつにすることが絶対に必要不可欠になるということです。

「会社がひとつにまとまる」「会社が一丸になって」などといいますね。そうなるように全員で立ち止まることなく歩み続けなくてはならないのです。

すぐに課長がやるべきこと

会社の全員が生き残れるようにする！

「会社」も「個人」も生きていく！

会社をひとつにまとめる！

8 課長は「一緒に生きること」を伝えろ

会社のことを企業ともいいます。

企業という字は、「人」が「止」まって、「業」を成すと書きます。人が止まれない会社は、どんなに収益があろうと、会社としては成立しません。

課長のあなたが「会社は生きたがっている」と伝えることは、「会社のために働いて頂いているみんなと一緒に生きたがっている」ということを部下に教えることに他なりません。

課長はひとりで生きているわけではなく、上と下との間で生きています。

成長できる会社には、これを理解している課長が多くいます。

「人間」という集団が生きていくためには、争うことなく「一緒に生きる」道を歩まねばなりません。

相手を個人として認めることが一緒に生きることです。だからこそ、あなたには、会社という集団で生きるために、法人という個人が生きることを認めてあげてほしいのです。

課長は会社を成長させる！

●成長できる会社

課長は上司と部下の間で一緒に生きている

↓

成長できる

●成長しない会社

課長が上司が部下とつながらず一人で生きている状態

↓

成長できない

9 課長は会社をこうしてまとめあげろ

会社には、営業部であったり、製造部であったり、企画部であったりと、多くの部署があります。

あなたは、どの部署に籍があるでしょうか。

それぞれの部署には、目的があります。

それぞれの部署内においては、達成すべき目的意識がひとつなので、集団としての目的「一緒に生きること」を達成しやすいように思われるかもしれません。

ところが、この「一緒に生きること」という本質部分はすべての業務の根底にあるため、誰もが見失いやすいのです。そこに問題があります。

駄目な三流の課長は、通過点でしかない目的を本当の目的にすり替えます。

一流の課長は、本当の目的「一緒に生きること」を見すえます。

「一緒に生きること」という目的が忘れ去られ、より達成しやすい、目の前の問題の解決が、さも本当の目的のようになってしまっている会社はかなり多くあります。

たとえば、製造部においては「今持っている技術の粋を集めて製品の製造に当たること」、営業部においては「売上をあげること」が通過点の目的です。製造部の製品の品質があがることで売上もあがるのですから、一見同じ方向に進んでいるようにも感じられます。

しかし、よく考えるとそうではないこともあります。製造部はお客様を見ずに自己満足の開発を行うかもしれません。

営業部は製造部のこだわりを無視してでもお客様の思いを製品に反映させてほしいと考えるかもしれません。

製造部は会社の内側、営業部は会社の外側を向いています。

これでは逆方向ですよね。

会社では、通過点の目的が違う部署がいろいろあっても、最終的な目標である「一緒に生きること」を忘れてはいけません。

その達成に向かう必要があります。

会社は、集団として、とても危うい存在です。課長は、その危うい集団がどうすれば危うくならないか、いつも考えなくてはなりません。

会社にとって何が本当に正しいのか。ひとつ上の視点が必要なのです。一緒に生きるために何をなすべきかをいつも考える必要があります。

医者にかかっても治療の甲斐なく死んでしまう会社では、「一緒に生きること」という目的は達成できないのです。

10 課長は会社の中で重大な役割を果たす

もし人体を作る多くの細胞が人体を作るために働かず、それぞれが勝手な行動をとるようになったらどうなるでしょうか。

当然、人として活動することはできなくなります。

「生きること」を止めなくてはなりません。そうならないために人は健康に気をつけるのです。言い方をかえると「身体を労わる」ということです。労わるとは「同情の気持ちを持って親切に接する」「気を配って大切に世話をする」ということです。

これを会社に置きかえれば、会社を作る個人に気を配って大切に世話をする必要があるということになります。

会社をひとつにまとめあげる仕事ができるのは、課長のあなただけ。

一流の課長は、部下のために、上司にも気を配る必要があります。

これは部下が動きやすくするために上司に気を配り、上司の気が部下に向かないようにするためです。結果的に部下の行動力があがり、よい結果が得られれば上司に対する信頼度があがり、自分の行動力もあがることになります。

課長のあなたの役割はそれほど大切なものなのです。

ここまで読んできたあなたは、もしかすると「課長は大変なだけで、何の得にもならない地位なのではないのか」と考えてしまうかもしれません。しかし、そんなことはありません。課長の役割を果たすことで、上司は評価してくれますし、部下は協力してくれるのです。

こうして課長は、自分の行動しやすい立場を最大限利用することで、一番早く利を実感できる環境を手に入れられます。

そして信頼関係が構築できれば、必ず組織の誰もが平等に利を手に入れることができます。また損（失敗）も同じようにわかちあうことができるようになります。

それが信頼関係なのです。

上司の判断をすぐに部下に伝え、
部下の課題や問題をすぐに上司に伝える！
社長
問題・課題
部長
課長
問題・課題
社員

部下を育てるのも課長の仕事
よくやったね！
期待してるよ
課 長
●ほめる
●モチベーションをあげる
部 下
部 下
部 下
自信
やる気
成果
自信
やる気
成果
自信
やる気
成果

11 課長は結果から明日への道を示す

結果は、達成すべき目的に、どれだけ近づけたかを確認するものさしです。

ふつうは、「結果は、追求するもの」と考えるでしょう。

実は、ここに問題が生じます。

結果は原因があって得られますが、その原因は追求しても得られません。

三流の課長は、いつまでも原因を探し続けます。

その結果となった原因は、追求すれば何かしら得られます。しかし、本当にそれだけでしょうか。その結果を再現するための「場所」や「条件」は整えられますが、絶対に「時」を同じにすることはできません。

つまり、どんなに同じような結果に見えても、まったく同じ結果は得られないのです。この観点から考えると「結果を追求する」ことにそれほどの意味はないということになります。

とはいえ、結果を無視しろというわけではありません。結果は、いつも確認する必要があります。そして、今どれだけ目的に近づいているか、自分の現在の立ち位置を把握し、次の指針を決める材料にするのです。

会社の中でもっともわかりやすい結果とは何だと思いますか。

それは「利益」です。

「利益」について考えてみましょう。利益は経営の結果として後からついてくるものです。しかし、それを追求して、そのような結果となった正確な原因を手にいれることは、ほぼ不可能です。とはいうものの、実際に結果を確認することで、現在の会社の経営状態が診断できます。そして、次への指針を決めることができます。それによって新しい道筋を歩むことができるようになるのです。「利益を追求すること」と「利益を確認すること」の大きな違いを理解してください。

結果を追求することは、会社にとって大切なことではありません。

大切なことは、結果を確認すること、つまり「思考→実行→結果→思考」のサイクルを回し続けることです。

よく「ＰＤＣＡサイクル」（計画→実行→評価→改善）などともいいますね。業務を推進するための基本的な手法として知られます。何らかの思考に基づいて業務を実行し、得られた結果を元に次の思考を行い、部下と共有する必要があるのです。いつも同じ道を歩み続ける（＝同じことを繰り返す）のではなく、いつも結果から新たな道を模索することこそが、課長の仕事です。それがゆくゆくは「会社が生きること」につながっていくのです。

「会社での結果」は、「会社が生きることをまっとうするのに必要な新たな道を発見するための材料」になります。追求すべきものではないので、結果だけを重要視することはとても危険なことです。

繰り返しますが、結果には偶然という要素が大きくからんでいます。結果が偶然の賜物であっては、まったく役に立ちません。それに気づかずに決断を結果に委ねると、次の結果は、大きなマイナスとなることでしょう。

一流の課長は、誰が見ても変わらない結果（数字）を確認して、昨日までと違う道を部下に示さなくてはならないのです。

一流の課長は結果を元に思考してすすむ！

第2章

一流の課長になるための「10のスキル」！

1

課長は「失敗してはいけない」

どの会社も間違いなく、成功するために努力をしているはずです。

では、その「成功」は、いったいどこにあるのでしょうか。

人は、まったく実現の可能性のない物事が目の前にあっても、すぐに諦めてしまうほど愚か者ではありません。

しかしながら人は、実現しにくいこと、成就しにくいことを後回しにしてしまう傾向があります。努力すればできたことかもしれないのに、ついやりやすい事柄にばかり目を向けてしまうため、そのような成就しがたいことはやらずに終わることになるのです。

努力の量と得られる結果は、おおよそ比例します。たくさん努力して大きな結果を得ることができれば、それに伴って喜びもまた大きくなるものです。

業績が伸びている部署の課長は、「やるべきことをやる」ことが「勇気を持って努力する」ことと同じ意味だということを知っています。

あなたの会社で、本当にやるべきこととはいったいどんなことでしょうか。必ず成功させなくてはならないこととは何でしょうか。それをまずよく考えてみてください。目の前の作業に追われ、最終的な目標を見失っていないでしょうか。

会社で仕事をする上で大切なのは、あくまで「やるべきことをやる」ことです。「やれることをやる」のではありません。

やれることをやるというのは、あたりまえのことです。そこに努力は必要ありません。やれないことをやろうとするから、人は努力するのです。

逆にいえば、やれることをやらないことは怠慢を意味します。会社としては放置できません。

やれることはすぐやって、やるべきことに注力することが必要です。

ただ、やるべきことの多くは、すぐに達成できるわけではありません。最終的に成功するために、努力を怠らないことが大切になります。

やるべきことができず、最終的に失敗することは、会社として受け入れられません。この点においては、スピードより確実さが求められるのです。

2 課長はこの想いを持ち続ける

成功することについて、別の角度から考えてみましょう。

成功することは、失敗しないことなのでしょうか。

たとえばバブル期は、商品を作れば間違いなく売れました。

そして、作れば作るほど売上があがったのです。こうなると、経費を少々あげても、クレームによってお客様が離れたとしても、新しいお客様を獲得してカバーすることができました。そのため、失敗に気づかずに突き進んでしまうこともありました。

通常、経費をあげることやお客様を失うことは、即、失敗につながります。

それにもかかわらず、結果として成功を手に入れることができた時代が、バブル期だったのです。そこには計画性などなく、結局のところ偶然成功したに過ぎなかったのです。

つまり、成功することは、「たまたま失敗しないこと」であり、そこには「失敗に気づかないこと」も含まれています。

しかし、失敗しないことは、絶対に「成功すること」になります。

失敗は経験として次に生かせば、成長することにつながります。

そういう意味では、失敗をしないことは成長の妨げになるかもしれません。

しかし、成長できるかどうかは実際のところ、本人次第であり、何も考えずに手に入れた失敗など経験にはならないのです。

もし失敗を経験として個人の成長を手に入れたいのならば、会社として最終的な失敗となる前、つまり、その過程において個人の失敗を修正しながら経験をさせるべきです。

会社においては「成功すること」が大切なことに変わりはありません。

だからこそ、必ず成功することが必要になります。

生き残る会社の課長たちは自然と、「会社にとって必要なことは、失敗しないこと」であるとわかっているものです。

ここでいう失敗は、ある目標が最終的に達成できなかったということです。

失敗の定義は諦めることです。

目標に向かう過程での間違いはいつも修正しながら立ち止まることなく、目標に到達できればよいのです。

3 課長は部下に安心感を与える

失敗しないためには、どうしたらよいのでしょうか。

会社での失敗は、個人の失敗の積み重ねによって起こります。ですので、失敗しないためには、個人の成長が必要不可欠です。

失敗を繰り返す人がいる、などとよく言われますね。これは、何度注意しても直すことができない人を指しています。注意されてきたことを吸収できないため、経験にすることができない人です。彼は、経験として活かせないために成長できず、失敗を続けることになるのです。

課長のあなたの仕事は、こうした部下を成長させて、失敗させないようにすることです。


一見するとあたりまえのことですが、成長することが、失敗しないためには必

要ということになるのです。つまり「成長するためには、どうしたらよいのか」を考えることになります。

努力を必要としない簡単な目標で行動する人は、成長しない機械と変わりません。古くなれば（老いれば）故障（諦め）を繰り返すことになります。

人は、成長するから人なのです。そのために成就しがたい目標を持つ必要があります。久遠の先にあるゴールを目指して努力を継続していくことが、人の成長につながります。

そのゴールが見えないのは、目隠しをして永遠に歩いていくようなものです。それは誰でも恐怖を感じることでしょう。そうなると、ひとりの力では、恐怖を乗り越えることはできません。恐怖に打ち勝つには勇気も必要ですが、勇気は自分の中からしか絞り出すことはできません。

恐怖を感じるということは、すでに自分の中に勇気がないことを意味しています。そんなとき、恐怖を乗り越えるために必要になるものは安心感です。

安心感は、自分以外の人からもらわなければなりません。それを与えられるのは、一緒に信頼関係を築いた他人、つまり課長のあなたなのです。つかず離れず、部下よりも少し先を歩んでいる課長こそ、安心感を与えられるのです。

4 課長は部下に失敗しにくい仕事を与える

焦らず、根気強く、何よりも諦めないことが部下の教育には必要不可欠であることを課長のあなたは理解しなくてはなりません。課長自身が諦めないことが、部下に安心感を与え、部下の教育を成功させることになります。そのためには、課長のあなたは部下に、失敗しにくい仕事を与えることが必要になります。

失敗しにくい仕事は、ほとんどの場合決して難しくない仕事です。そんなものはできて当たり前だろうと思われるかもしれませんが、だからこそそこに安心感が得られるのです。

仕事を達成して得た達成感の積み重ねが成長につながり、成長した自信が決して消えない安心感を心に芽生えさせます。そしてそれは諦めない心へと変化し、最終的な久遠の先にある目標へと歩み続ける力を与えてくれるのです。

少し乱暴な言い方ではあるのですが、人間には弱者と強者の二者があります。

弱者は、失敗した人です。失敗した人は、他人に対して何ら強制する力などないので、弱者なのです。では、強者は「成功した人」なのでしょうか。

確かに、自身の成功を根拠にして他人を従わせる人もいます。しかしそれはほんの一部。強者はそのほとんどが同時に「魅力ある人」でもあるのです。成功した人は、自らの魅力で他人を惹きつけるのです。

強制力とは、他人に行動を強いて制御する力のことです。この力を持つためには、その力に見あった代価を支払うことになります。

その代価は「損害」です。つまり強者は、失敗に損害を被る人なのです。失敗に損害を被る人は、弱者である失敗した人に対してもっとも強制力のある立場になります。失敗した人にペナルティを与えられます。

成功することではなく、失敗しないことが人を強くします。それに気づいた課長だけが、部下を育てられます。

ただし、強者であっても、ただ一度の失敗で弱者に陥ることを忘れてはなりません。だからこそ、成功することよりも失敗しないことのほうが大切になります。

5 課長は仕事を「この2つ」にわける

会社の仕事は通常、大きくふたつに分類できます。

ひとつは、売るための製品を作り出す「**製造仕事**」、もうひとつは、その製品をより多く販売して売上を確保するための「**販促仕事**」です。

会社にとって仕事は、生きるための行動そのものです。これは呼吸をしたり、心臓を動かしたりすることと同じく、考えなくても自然に行われることです。万が一、製造仕事や販促仕事に支障をきたすと、生きていけなくなります。

製造仕事に必要なことは、お客様の心をつかんで放さないような、購入意欲を刺激する完成度の高い製品を提供し続けることなのです。

それは、おおよそ以下の内容を含む仕事、ということです。

Ⅰ　お客様の満足度をあげることが目的
Ⅱ　売上の増減は関係なく、製品の完成度のみを追求する
Ⅲ　必要なことは、お客様にまた欲しいと思わせる技術
Ⅳ　売上の増加には向かない

一方の販促仕事は、販売促進仕事のことであり、いわゆる営業とイコールだと思ってもらって結構です。こちらは、おおよそ以下の内容を含む仕事です。

Ⅰ　売上をあげることが目的
Ⅱ　製品の完成度より、製品を多く売ることを追求する
Ⅲ　もっとも必要なのは、「お客様に欲しいと思わせる」技術
Ⅳ　売上の維持には向かない

このようにしてみると、製造仕事と販促仕事は正反対な仕事であることが理解できるはずです。

製造仕事で大切なことは、お客様を必要とすること。

販促仕事で大切なことは、お客様に必要とされること。

この違いを、所属する部署を問わず、すべての課長はまず押さえておくことが必要でしょう。

ここを押さえるかどうかで、仕事の質が違ってくるはずです。

2つの仕事がある

製造仕事　モノをつくる

Ⅰ　お客様を満足させる
Ⅱ　モノの完成度を高める
Ⅲ　「またほしい」と思わせる
Ⅳ　売り上げの増加にはむかない

工　場

販促仕事　モノを売る

Ⅰ　売上をあげる
Ⅱ　たくさん売る
Ⅲ　「ほしい」と思わせる
Ⅳ　売上の維持にはむかない

販　売

6 課長は「人」を管理する

販促仕事は常にお客様を見て行います。それに対して製造仕事は常に会社を見て行います。ですから、話しあっても、お互いの主張を押し通すだけになったり、諦めの精神から無言を貫いて話ができなくなったりすることがあるのです。

そこで導き出された結論は、全員が納得しているわけではないのです。そのため、話しあいで決まったことに従わない社員が出てくる場合があります。

もちろん、会社にとっては販促仕事も製造仕事も必要であることに変わりはありません。ですからそこで、製造仕事の人に対して人事異動を行い、販促仕事に回す…などということもよくある話です。こうすることで、仲間であった製造仕事側と販促仕事側との橋渡しができて、関係の改善に役立つだろうと会社は考えるのです。

ところがそう簡単に物事は運びません。実際には販促仕事に移動した元製造仕事側の社員は、すぐに販促仕事側の社員と同じ考え方をするようになってしまうのです。これは販促仕事とか、製造仕事に関係なく、社員としては仕事に支障をきたさないためであり、会社に残るためには、自分の所属する仕事側で反感を買うわけにはいかないからです。

自分の所属する仕事側の人間の反感を買ってしまうと、仕事に支障をきたす恐れがあります。さらには、失敗の責任を押し付けられる恐怖にさいなまれることすらあるのです。そのような状態を続けることは、個人としては会社への残留以前に、人として生きることに精神的な苦痛を受けてしまうことになります。

反感しあう状態での仕事の遂行は困難です。結果として失敗する確率を高めます。結果、会社としても生きていくことが、まっとうできない状態に陥ります。

課長のあなたが管理すべきなのは、人そのものです。

会社をまとめるには、どちらか一方の仕事に偏ることなく、公平な立場で見られる人間、つまり課長が、両方の仕事の橋渡しをするしかありません。管理職が管理するものは、売上でも利益ではありません。人そのものなのです。

7 課長は自分の感情を抑える

管理職に求められることは、他人を自分の魅力で虜にすることです。他人を惹きつけ、自分と信頼関係を結べるだけの安心感を与えることです。

その安心感を両仕事側の人間に与えられれば、両仕事側の人間と信頼関係を結ぶことができます。ただし、両仕事は多くの場合相反する内容ですので、同じタイプの魅力で惹きつけることは不可能です。

課長のあなたに求められる素質のひとつは、感情を抑え、どのような出来事にも冷静沈着に決断を下すことができることです。

決断を下すということは、責任をとるということです。

課長が責任をとるからこそ、他人に安心感を与えることができるのです。

人に安心感を与えると、その人には余裕が生まれます。そして、信頼関係を結ぶことができます。言い換えれば、相手を不安にしなければ、そこに信頼関係がうまれます。人は、相手が恫喝してきたり、決断を下す人が優柔不断な状態に陥ったときに動揺します。ですので、その反対の状態を作り出してやるのです。あなたは恫喝せず、冷静沈着に話し、決断する際は、速やかに決断すればよいのです。

管理職のあなたは、一方の仕事の立場を認め、他方の仕事に冷静沈着に接し、決断理由を速やかに報告すれば、両方の信頼を勝ちとることができます。

違う方向に進む仕事を同時に動かすということは、とても大きな行動範囲を持つことになり、その課長は、大きな力を生み出すことになります。

8 課長は切磋琢磨の環境を築きあげる

お互いが責任感を持ち、失敗を相手のせいにすることなく、結果をもって、お互いを比較し、競いあうこと。そしてその結果として、お互いが成長することを「切磋琢磨」といいます。

逆に、失敗を相手のせいにすることで、自分自身を成長させるのではなく、相手の地位を下げて自分を優位にすることを「反目」といいます。

「反目」を続けていると、行きつく先は、相手の完全排除になります。

相手を完全に排除するには、力のある人に相手の悪口を言い続けることです。これは、子どもが先生に言いつけることと同じです。これは年端もいかない子どもだから責任問題になりませんが、立派な大人がやっていたら、あきれてものも言えない、という状態になります。

問題は、それを聞いた課長がとる行動です。対立する社員双方から悪口しか伝わってこなければ、両方とも悪いと判断するしかありません。結果として両方とも罰することになります。

これでは人が辞めるどころか、会社からの人材の放出を繰り返すことになり、会社として生きていくことが難しくなります。


課長がやるべきことは、部下の潰しあいを見過ごすことではなく、部下に切磋琢磨の環境を作ることです。


切磋琢磨の環境を作り出せば、失敗をまわりの他人のせいにすることなく、すべては自分のせいだと思えるようになります。誰のことも気にする必要がなくなり、自分のやれることを自分でするようになります。そうして、成長が加速されます。

自分自身でどうにかしようと思った人は、必ず自分だけではどうにもならないことに気づきます。その気づきを部下に与えることも、課長の仕事なのです。

9

課長は部下に命令するな

課長のあなたは、部下全員が同じレベルで仕事ができるように教育する必要があります。誰かひとりができればよいわけではありません。

全員が同じレベルでできることが、集団行動においてはとても大切です。同じレベルに成長させる上では、集団を用いた教育方法が必要です。学校と同じです。ひとりだけに集中して教えると、確かにその人は成長するかもしれません。しかし、ひとりでは、その変化の方向性が正しいのか間違っているのか、教える側にもわかりにくくなるのです。その結果、比較検討ができないため、教える側の偏りに気がつかなくなってしまうのです。

偏りは、自信を持って進んでいればいるほど、修正が困難になります。方向転換には相当のエネルギーが必要ですので、恐怖に負けてしまい、避けて通る可能性が高くなります。集団であっても独裁主義的な集団であれば、否定的な意見など言えるはずもないため、やはりトップの意見に偏った方向で進んでいくことになります。また、無気力感に満ちている集団も命令されたことを機械的にこなすため、命令者の意思に偏ってしまいます。

つまり、「否定的な意見」を受け入れない集団や、そうした意見がそもそも出てこない集団は、偏った、とても不自然な状態なのです。よって、孤独を好む人生を歩むことや集団内において独裁的な力を欲することでは、新たな道を発見できません。それは成長できない、間違った生き方ですと言わざるをえません。

一流の課長は「他人を受け入れることができなければ、他人を巻き込むことはできない」ことを知っています。

独裁的な方法は、自由度はとても高いのですが、独自の考え方が先行するため、他人の考えを受けつけることのできない偏った思考を植えつけることになります。それに対して、社員の意識を統一する方法は、集団内の個人全員の意見をできる限り集約していくために思考の自由度は低くなります。多大な時間を要しますが、集団として柔軟な対応を行うための土台を構築できます。

10 課長は生きるための教育を欠かさない

会社の黎明期においては、独裁的な方法をとらなければならないこともあります。ただし、いつまでもその状態のままでは、部下は大人としての責任感と自信を持つことはできなくなってしまいます。

独裁的な方法を続けていると、結果的に命令を下す人の精神を疲弊させることになります。そのうちに、命令がおかしくなってしまい、結果として大きな失敗をしかねません。それが会社の致命傷になることも考えられるのです。

こうなると、会社はパニック状態に陥ります。

一度崩れてしまった命令系統を再構築するためには、多大な時間と労力が必要となります。それが間にあわず、会社は分解することになるのです。

最終的には柔軟な対応が不可欠であり、そのためにはそれぞれの人の成長が不可欠となります。「命令されたこと」が滞りなくできることは成長ではなく、単に機械的な動きが速く、正確だというだけなのです。

課長が「命令」と「教育」を区別できるか、どうか。その能力こそ、部下が成長する鍵となります。

命令は、自分のために下すものです。

それに対して教育は、他人のために施すものです。

命令は、「下す」という文字からもわかる通り、「上から下に伝え、強制力を持って実行させること」であり、絶対に「下から上に働くことはない」受身的なものです。

それに対し教育は、「他人に知識を披露して、他人の成長を促すこと」です。つまり、あくまでも知識を手に入れた他人が、自身の力で成長することなのです。これが教育がさらに進んで、自発的に学ぶようになった状態が「学習」です。これが身につけば、他人に頼ることなく学んでいくため、成長速度が著しくあがっていくことになります。

管理職である課長は、社長の思い（＝命令）を部下にそのまま命令として押し付けるのではなく、会社の思いを受け止めてもらうための心の大きさを持ってもらうように教育することで、個人的な成長を促さなくてはならないのです。

一流の課長は教育者であり、管理職。

人として生きるために部下を教育し、会社で生きるために部下の行動結果を管理します。

それが課長という地位なのです。

部下が成長することが、課長への信頼を大きくします。そしてその信頼が大きくなるほど、大きな協力が得られます。その協力は、課長個人の力では発揮しえないほどの大きな力となります。

それこそが、課長としての本当の力だということができるのです。

第3章

上司と部下を動かす「一流の課長の言葉」!

1
課長は「このこと」を知っている

会社が収益を伸ばす上での一番の問題点は、売上が減ることでも、経費がかさむことでもありません。

一番の問題点は人であり、その人が集まってできる人間関係にあります。

「人は、ひとりでは生きていけない」と言われるように、会社に限らず、人は、必ず集団を形成しようとします。これは、もう本能といってよいと思います。

太古の昔、人は言葉を持っていなくても共同生活を営むことができました。一緒に狩りをし、みんなの生活を全員で守ってきました。

それなのに、現在はどうでしょうか。言葉という素晴らしいコミュニケーションの手段があるにもかかわらず、他人のことがなかなか理解できない状態です。

この事実は、太古の昔の人間は本能で生きてきたということを物語っています。本能とは、考えなくても行動できる能力のことです。1分1秒を争うようなときに、考えていては生死に関わるような事態に陥ることがあります。そのようなときに、無意識に生きようとする行動をとることが、本能による行動です。

しかし、人は知識を得てから、精神面が変化しました。本能で動くのではなく、思考してから動くようになってしまったのです。

思考してから動くこと自体はとても有意義なことであり、悪いことではありません。何が悪いのかというと、逆に本能の部分が抜けてしまったということです。人の本能とは、生きることです。しかし、人はひとりでは生きていけません。人それぞれ、一緒に生きることができなければ、それは自分の死だけでなく、人という種族の死を意味するのです。


すべての人がひとりで生きるならば、子孫繁栄はなく、種として滅びます。

人の本能は「一緒に生きること」にあります。


会社にも同じことがいえます。自分ひとりが儲かればいいという考えでは、会社の繁栄はありません。課長はそのことを理解し、社員が一緒に生きるという本能の部分を呼び覚ます必要があるのです。

2 課長が押さえる「コミュニケーションの基本」

コミュニケーションは、「話しあい」ととらえられがちですが、なにも言葉を発することだけがコミュニケーションではありません。行動や様子、感情の発露などもすべてコミュニケーションです。

しかしそれよりも、一番勘違いしやすいことは、次のことです。

コミュニケーションでは、完璧に相互理解を得ることはできません。

よく、「話しあいをしても、あの人は理解をしてくれない」「わからないことは聞いてほしいといっても、何も聞いてこない」「あの人は責任感がなく、会社に必要ない」などという言葉を耳にします。これらは、話しあったのに相手がまったく変わらないことに対する怒りです。これ自体は、よく理解できます。

しかし、実は本当の問題は「コミュニケーションをとれば、あらゆる問題を解決できると考えること」自体にあります。コミュニケーションをとっても、相手の心の中を知ることはできません。せいぜい感じとることができる程度です。

駄目な課長は、コミュニケーションで結論を出そうとします。

一流の課長は、コミュニケーションで結論を出すこと自体が、大きな間違いの元だと知っています。

相手をより理解するには、コミュニケーションの精度をあげるしかありません。

しかし、同時にコミュニケーションは万能だと信じてはいけないのです。

コミュニケーションは、あくまで情報、知識を手に入れるための手段でしかありません。その手に入れた知識を使いこなせるかは、自分自身です。

課長は、そのことを踏まえながらもコミュニケーションをとり続け、新しい知識を手に入れ続けなくてはいけません。

そうすることで、「以心伝心」に至ることができれば、「信頼関係」という素晴らしい関係を築きあげることができます。

3 課長は自分自身とコミュニケーションする

前項で、コミュニケーションは万能ではないものの、継続してとり続けることで少しずつ関係が深まり、やがては以心伝心という信頼関係を築きあげることができるとお話ししました。

しかし、真っ先に信頼関係を築かなくてはならないのは、他の誰でもなく、自分自身とです。

自分自身を信じて頼ることなくして、どうやって他人を信じて頼ることができるのでしょうか。

課長は、「信じ方・頼り方」を理解するために、自分自身の心に問いかけて、「こうすれば、信じることができるんだ」「こう頼れば、喜んでもらえるんだ」という事実を確認しなくてはなりません。

相手を信じるため・頼るために、自分はどうしたらいいのか。

人の考えは自分の考えとどう違うのか。

そして、その差を認めることができるのか。

課長は、自分と他人の間にある距離を認識し、違いを認めなくてはなりません。

それが「納得する」ということです。

納得することは、人生においてとても大切です。お互いに納得ができれば、反発しあうこともなくなります。

しかし、納得は、他人からさせられるものではなく、自分でするものです。納得したければ、他人にどうすれば納得できるのかを聞くのではなく、自分の心に問いかけて悩み抜くしかありません。私が「こう納得してくださいね」と話したところで、誰も「納得」などできません。

課長が納得できるようになるまでの道のりは決して楽ではありません。しかし、逆にこうした悩みのない人生だと、何ひとつ納得できない人生を歩んでいることと同じです。知らず知らずのうちに「諦め」の人生を送るよりはずっといい、と思ってがんばってください。

4 課長は思いを描き、言葉で共有する

部下を持つ立場にある人ならば誰しも、自分の思いが伝わらないと嘆いたことがあるでしょう。こんなにも会社や組織のことを思っているのに、どうして伝わらないのだろう。そう悩んでいる方もいらっしゃるのではないでしょうか。

ここでいう「思い」とは、「頭の中に描かれた絵画」のようなものです。その絵を実際に他の人に見せることができれば、すぐにコミュニケーションをとることができます。しかし、その絵を実際に見ることができるのは、頭に絵を描いた当の本人だけです。頭の中を見せることはできませんから、その絵がどんなものかを言葉として伝える必要が出てきます。

とはいえ、いきなりすべてを伝えるのは不可能です。具体的には、次のような作業をすることになります。

①頭の中にある思いを絵として描く
②頭に描いた絵を一度パズルのように断片に切り刻む
③その小さなパズルのワンピースを言葉として表現する
④すべてのピースを言葉として相手に伝える
⑤相手が自分の頭の中でパズルを組み立てる
⑥組みあがった絵を相手に説明する
⑦相互理解が完了する

このようにするのは、一枚の大きな絵の状態で説明すると、食い違いが生じる可能性が高いためです。そのために、絵を細かく切りわけて、説明しやすく、理解しやすくする必要があります。

当然、描いた絵が大きいほど（＝思いが深いほど）、ピースが多いパズルとなります。話す側の労力と時間も多く必要になります。

ですから、聞き手側も、足りないピースの部分を自ら想像して補う必要があります。そうすることで、ピースの足りないパズルでも、聞き手側が自分なりに頭の中で完成させることができるようになります。

5 課長は「パズル」を作る

話し手が自分の頭で描いた絵について語り、聞き手が想像力を働かせて作成したそのパズルの絵は、必ずしも一致するとは限りません。むしろ、1回話した程度できちんと完成するほうが難しいと思います。

できあがった絵を一致させるために、絵の違いを話しあい、欠けたピースを埋めて、同じ絵にする必要があります。

この話しあいこそコミュニケーションです。

話し手側が、パズルのワンピースの話しかしていないのに、聞き手側に「理解しろ」と言ったって、そんなことができるわけありません。これは、話し手側の怠慢です。また、ワンピースの話だけ聞いて、「難しくて理解できない」と言うのも、聞き手側の怠慢でしかありません。

大事なことは、同じパズルを完成させるべく、それぞれのピースをお互いに検討し、思い描いているピースを確認しあうことです。そうやってピースごとの認識を確かめていくには、一度のコミュニケーションでは無理で、数多くの事細かなコミュニケーションが必要になります。

いきなり完成形の絵の話をしても、できあがるものの形に大きな隔たりができてしまう可能性が高いのです。そのため、ピースごとについてコミュニケーションを継続して取ることが大事になります。そうすると、集めてきたピースが、ある日突然、ひとつの絵となって頭の中に思い描かれます。

もちろん、パズルには大きなものもあれば、小さなものもあります。小さなものであれば欠けたピースも少なく、絵を早く完成させやすいでしょう。一方、大きなものは作るのが大変ですが、想像力を働かせることでより短時間で仕上げられると考えられます。

ただ、どんなパズルにしても完成にはコミュニケーションが必要で、課長のあなたはそれを怠ってはいけないのです。

絵（イメージ）をそのまま伝えるのではなく・・・

●小さなピースにして相手に伝える

同じ絵をイメージできる

相互理解すれば、
同じ絵をイメージできる！

6 課長は聞き手になる

よく「上意下達」などというように、課長は社長や部長など上層部の意向を、下、つまり課内の社員に伝えるのが仕事だと感じる人もいらっしゃると思います。もちろん、それは大事なことです。

しかし、実際には、それだけではありません。なにより、課長は聞き手でないと務まりません。

コミュニケーションにおいて大切なのは、相手の絵を読みとる聞き手側の力。

一流の課長は、聞き手の能力に長けていなくてはなりません。

また、**部下の聞き手としての能力を伸ばさなくてはなりません。**

話し手側は、頭の中に説明すべき絵ができているため、自分自身ではわかりきったことを話すことになります。しかし聞き手側は、細かくコミュニケーションをとって、話し手側が描く絵のことを理解しなければいけないのです。

つまり、コミュニケーションをとる上では、聞き手側の成長がとても大切になってくる、というわけです。課長のあなたには優れた聞き手として、コミュニケーションを活発化する役割が求められます。

ただしここで、勘違いしてほしくないことがあります。

それは、話し手もまた、聞き手として成長しなくてはならないということです。話し手が知識を得ることももちろん大切ですが、それを聞き手に伝えるための的確な言葉がわからなければ、コミュニケーションは成立しなくなってしまうからです。聞き手がどうしたらよりわかりやすくなるのだろう。話し手はそう考えて、聞き手側の欠けているピースを積極的に探り出す必要があります。そして欠けている部分を見つけたら、その部分についてまた改めて綿密なコミュニケーションをとっていくようにするのです。

言葉はときとして、本人が伝えたいことと違った形で相手に伝わることがあります。それが続くと、相手はその人のことを嘘つきと思う可能性が高くなります。課長はその前に、対策を講じる必要があるのです。

7 課長は「OJT」の限界を知っている

コミュニケーションは大切ですが、ずっと話しているわけにはいきません。そのため、多くの会社ではOJT（オン・ザ・ジョブ・トレーニング、実際の仕事の中で訓練をする）という形をとって、社員教育を図ります。本来の業務に即した訓練ができて有益だと考えられますが、これが可能になるのは自分自身を確立できた自信のある一部の人だけだと思われます。それ以外の大多数の人は、OJTに適合していない可能性が高いでしょう。

なぜなら、OJTには、すべての仕事を自分でやり遂げ、その結果に責任を持つことまでが含まれているからです。

入社して日が浅い社員や新卒社員などには荷が重過ぎるのです。

OJTに適合していないほうが普通。

時間をかけて注意したり、教育したりする必要があります。

ことコミュニケーションに関していえば、話し手と聞き手の間に信頼関係が芽生えるまでの間、話し手が伝えたことを聞き手側に反復させて確認する必要があります。

もし話が間違っていたり、ニュアンスが違っていたりしたら、話し手が話の内容を訂正して改めて聞き手に伝えます。

そうやって、欠けたピースを補足したり、誤ったピースを訂正したりすることで、同じ絵を頭の中で完成させることができるようになります。一見、当たり前のような確認行為ですが、それを怠ったがゆえに同じ絵が描けなくなって、コミュニケーションが断絶してしまったということもあるのです。

とくにはじめのうちは、こうした当たり前のようなことでもきちんと確認していく必要があるでしょう。

話し手は、はじめのうちはできるだけ事細かく具体的に話をすることや、きちんと説明すべきことを端折らずに長文で作成することが、正しい理解につながっていくように思います。

②OJTを実行するには計画が必要

OJT(on the job training)には3つのデメリットがある

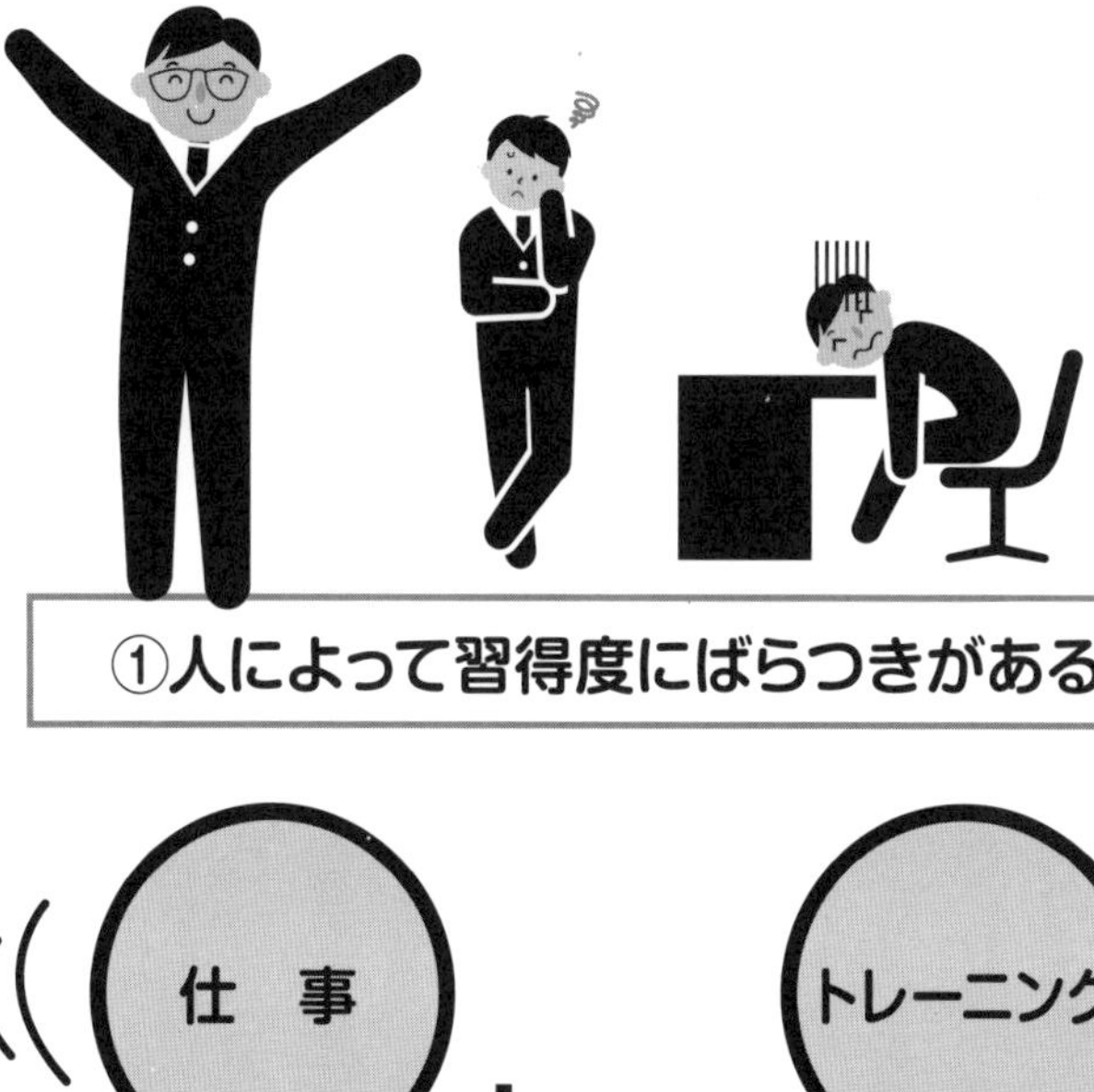

①人によって習得度にばらつきがある

③仕事との両立が難しい

8
課長にはこの優しさが必要

「人は、強くなければ生きていけない」

「人は、優しくなければ生きる価値がない」

どちらもよくいわれる言葉ですね。生きることの本質を表した、重みのある言葉だと思います。

ただ、よく考えるとこのふたつは矛盾しているようにも思えます。生きるために本当に必要なのは、強さなのでしょうか。それとも、優しさなのでしょうか。

あなたはどう思いますか？

やはり、強さも優しさも必要だと私は思います。

そして、それは課長にもいえます。


一流の課長には、強さと優しさの両方が求められる。

ここでいう強さと優しさは、誰に向けたものなのかという点で違います。

「人は、強くなければ生きていけない」の「強さ」は、自分自身に向けたものです。つまり、「人が生きていく上では、自分自身に厳しくなれる心の強さが必要です」ということになります。

それに対して「人は、優しくなければ生きる価値がない」の「優しさ」は、他人に向けたものです。つまり、「人が生きていく上では、他人に優しくなければ評価されず、生きている価値が見出せない」となるのです。

ですから、結論としては強さも優しさも、両方とも必要となるのです。

課長のあなたは、自分自身に強く、厳しく接する必要があります。そうした姿を見たまわりの人たちは「あの人の下で生きていけば大丈夫」と思うことでしょう。課員の中に期待感と安心感が生じ、人間関係を大きく進歩させられます。

それと同時に、課長のあなたは他人に優しくする必要があります。ここでいう優しさとは、決して慣れあいになるようなものではなく、努力の結果生じた失敗を許すようなもののことです。

失敗を許す優しさを持つためには、自分で責任をとるという強さも必要です。覚悟といってもいいかもしれません。

そういう意味でも、課長は強さと優しさの両方を持ちあわせていることが求められているといえるでしょう。

一流の課長に求められるのは「強さ」と「やさしさ」

強さ →
- 自分自身に厳しい！
- 責任をとる！

やさしさ →
- 失敗をゆるす

9 課長は自然に部下を味方につける

ここからは課長と部下との関係を見ていくことにします。

課長のあなたは部下を指導していく立場ですから、会社からそうした力、権力のようなものを与えられているといっていいでしょう。では、そうした力を使えば、本当に他人を力ずくで動かすことができるのでしょうか。

力で人を従わせることは絶対にできません。

力で従わせた部下は、離れていきます。

「この人のため」ならと部下の心に思わせられる課長のために部下は動くのです。

一流の課長は、力を使わずに部下を動かせられます。

もし、本当に他人を従わせる力があるのならば、部下はあなたに絶対服従しなければならなくなります。ところが、実際はそんなことありません。ときには意見がすれ違い、反発しあうこともあるでしょう。そうした気持ちが限界に達して、もし部下が「会社を辞める」と言ってきたとしても、それを引き止める力もまた課長にはないのです。

人は他人から何と言われようと、自分自身の脳からの命令以外で行動することはありません。課長が部下に力を行使すれば、表面上はその力に従っているように見えます。しかし実際は、その力に対して恐怖を抱いたために、命令を実行しようとしているだけなのです。

人の心は、恐怖で縛られてしまうと、物事を一切考えられなくなります。自分の意思で行動することができなくなってしまうのです。間違いをして注意され、「すみません」と謝ることはあるかもしれませんが、おそらく、同じ間違いを繰り返すことになるでしょう。なぜなら、物事が考えられなくなって、失敗の原因がわからなくなっているからです。

あなたは部下を力ずくで動かそうとしても、思いのままに部下は動かないことでしょう。

課長のあなたが力を使って部下に強制しても、あなたの思い通りには絶対になりません。これは課長に限った話ではありません。人は自分の頭で考えてこそ、能力を発揮するのです。力による強制では、人を育てることはできませんし、成功もおぼつきません。仮に何か成功したとしても、それはとても小さな、成功とは思えないほどの結果でしかないでしょう。言われたことをそのまま実行したとしても、それには限界があります。むしろ、失敗の確率のほうがはるかに高くなる、といえるのです。

10 課長はこうして成長をうながす

あなたが力を使っても失敗してしまう、その原因は明らかです。それは、命令されたことを実行できない人がいるからです。命令されたことを実行できない理由もまた、明らかです。命令された人が思考を放棄していて、命令を理解できないからです。

上司のいうことに対して「わかりました」と返事をしておきながら、実際そのようにできない人が出てくるわけです。

これは、この「わかりました」という返事を鵜呑みにしている命令する側が、間違っているということになります。「わかりました」と言いながらもまったく直っていない現状を確認していれば、「わかりました」という言葉に、何の意味もないことがわかるはずだからです。

わかっていることを放置することは、何もしていないことと同じです。命令された側のほうが、間違っていたとしても行動を起こしているだけまだまともです。命令された側が行動をしている以上、わずかでも成功する可能性があります。

しかし、命令した側は行動していませんから、成功は絶対にしません。よって、早急な改善が必要なのは、命令する側のほうになります。

命令する側・される側の信頼関係が壊れるという危機を乗り越えるには、命令の方法を考えなくてはなりません。

駄目課長は、同じ命令（注意）を何度も繰り返します。
一流の課長は、相手の知識が増えるように命令（注意）します。

「あいつは何度注意しても全然直せない、駄目なやつだ」と批判することは、注意する人の無能さを物語っています。何度も注意するだけで改善策を自分で出せないからです。それよりも前に、命令する側のあなた（注意する側）がその仕方を考えなくてはなりません。その努力を放棄しないという意思を強く持つことが、関係改善への第一歩になるでしょう。

具体的にはまず、繰り返し何度も同じことを注意しているということを認めなくてはなりません。そして、相手の知識を増やして相手の成長を促し、失敗をなくさせるように仕向けるのです。これを行うには、相手の知識を増やし、成長させることが必要です。相手に知識が増えて、自分の頭で考えられるようにする。自分で考えて、自分で動く。そのために、あなたは何をなすべきなのか。つまり前述の通り、自分に厳しくなくてはならないのです。

11 課長の魅力はここで決まる

力では他人を従わせることができないという話を続けてきました。では、他人を従わせるものとは、いったい何なのでしょうか。

それは、魅力です。

人は他人に魅了されると従ってしまいます。正確には「従う」のではなく、その人と同じように生きたいと思うようになるのです。つまりそれほど、その人にほれ込んだことになります。

魅力は、他人を感動させる力です。そして感動は、心（意思）が動くことであり、魅力ある人はその感動の先にいるのです。魅了された人は、心の中にいる魅力ある人と同じような行動をとりたいと思ったり、魅力ある人のことを理解しようと強く願うようになったりします。

実は、会社が一番結びたい信頼関係は、まさにここにあります。

あなたは、会社に属する人たちすべてを魅了できればいい、と結論づけることもできるのです。

では、魅力は、どうすれば身につくのでしょうか。

魅力を手に入れるために必要なことは、自らの行動の結果を魅了したい人に見せることです。もちろん、その行動の結果は何らかの成功を収めていなくてはなりません。また、結果も大事ですが、そのために起こした行動も多くの人たちから共感されるもので、利益をもたらすものでなくてはなりません。

課長は、自分自身の欲望を制して、自分自身に厳しくなければなりません。そのことが信頼関係を築く土台になります。

課長の最大の仕事は、部下との信頼関係を構築することです。

自分自身に厳しく接することができるのは、その厳しい環境においても自分自身は決してくじけることなく、必ず成し遂げられると信じているからなのです。

「厳しさ」は自信のあらわれであり、成長の印なのです。そして、そこに魅力が生まれ、共感が生まれるのです。

12 課長は人の心の恐ろしさをわかっている

あなたは何が恐いですか。

人は、自分で理解できないものに恐怖します。

もっとも身近な恐怖は、宇宙人でも幽霊でもありません。

人の心です。

人の心は、絶対に見ることも聞くこともできません。人が語る心情は、水面から顔を出した氷山のようにほんのごく一部で、本心をすべて語る人はいないでしょう。そのような人の心を理解することは、通常では不可能です。

コミュニケーションをとったとしても、人の心を完全に理解することはできません。あくまでも、そのごく一部を感じとるだけです。


人の心の中は、その先に何が待っているのか、まったくわからない恐怖領域。

コミュニケーションは、その恐怖領域に触れることなのです。

世の中でもコミュニケーション不足が指摘されていますが、当たり前です。誰が好きこのんで恐ろしい場所に行くのでしょうか。

しかし、あなたは課長で、会社のコミュニケーションを円滑にする働きをしなくてはなりません。人の心に触れることは精神的な痛みを伴うのですが、それを行うことが課長の使命なのです。

人の心に触れるのに必要なことは、言葉や動作ではありません。

人の心に実際に触れることができるのは、やはり、人の心だけです。

言葉や行動は、せいぜい相手に自分の意思を伝えることしかできません。相手の心に触れて、実際に直すことはできないでしょう。

相手の心に触れる方法はひとつしかありません。あなた自身の心を開くことです。

自分の心を完全防備していては、相手の心に自分の心が、直接、触れられるはずがありません。自分のすべてを相手にさらすことで、相手は自分のことをすべて受け入れると思い、接してくるようになるのです。

13

課長はコミュニケーションの主導権を握る

人の心の中には、さまざまな感情が渦巻いています。

自分自身のこと、家族のこと、これまで所属してきたさまざまなコミュニティーのこと、生活のこと、お金のこと、仕事のことなど、生きるためにその人が考えてきたすべてのことが入っています。それぞれのことをさらに詳しく見ていけば、これまでの出来事に対して考えたこと、人から受けた影響など、事細かにいろいろあるのです。

このようなすべての感情に触れて、相手の人生そのものを背負うことが、あなたにできるでしょうか。


本当の恐怖は、相手の心に触れることではなく、相手の人生を背負うこと。

自分ではない、他人の人生に責任を持てますか。

そんなこと、できるわけありませんね。ですから、課長であるあなたも、相手の人生すべてを背負う必要はまったくありません。

忘れないでほしいのは、信頼関係を結ぶ目的です。今、あなたが築きたいのは、仕事においての信頼関係だけのはずです。

ですので、1から10まですべての情報を聞き出すのではなく、仕事に関するものだけを聞き出せばいいということになります。

もちろん、仕事以外の事柄が仕事に関わるということもあるでしょう。

そうした情報をうまく引き出し、余計な情報をシャットアウトするために、主導権はいつも自分自身で持っていることが大事になります。


人の心に触れるときは、相手のペースであってはなりません。

自分自身で主導権を握ることが、絶対条件になります。


相手のペースで進んでしまうと、仕事とは関係のない、聞かなくていい部分も聞くことになり、結果として人生を背負うことになりかねません。

相手からのコミュニケーションを待つのではなく、自分からコミュニケーションをとり、主導権を握ることが必要です。

コミュニケーションで大事なのは、話し手よりも聞き手です。ですから、聞き手である課長が創意工夫を凝らすことが大切です。あなたは知らず知らずのうちに威圧的な態度をとっていないでしょうか。相手を見下すことなく、尊重しているでしょうか。きちんと敬語を使って、信頼して話をしているでしょうか。

言葉は大事です。

役職とは立場であり、人間としての上位ではありません。

部下もあなたも個人としては平等です。

部下に対しても、きちんと敬語を使ってこそ、尊敬もされ、尊重されるのです。そうすることで、信頼されて、コミュニケーションもしっかりとれるのです。

ゆくゆくはあなた自身の成長につながります。努力を怠らずに挑戦してみてください。

第4章

一流の課長が知らなくてはいけない「計数感覚」!

1-1 経費がどこから出ているのか？

突然ですが、次の式の違いはどこにあるか、あなたはわかりますか。

【経費】＋【利益】＝【売上】……Ⅰ
【売上】－【利益】＝【経費】……Ⅱ

このⅠとⅡの数式は、まったく同じことを表しています。数式として考えていては、ⅠとⅡの違いは見えてきません。ⅠとⅡの考え方の違いを見極めなくては、答えには行き着かないでしょう。

Ⅰは、使用した経費と会社に必要な利益を足したものが顧客から頂いた売上です、ということを表しています。それに対してⅡは、売上から利益を引いたものが、使用可能な経費です、ということを表しています。

Ⅰは、使用した経費に必要な利益を加えたものを顧客に売上として請求するという考え方だということもできます。この考え方であれば、経費については、まったく考える必要はありません。つまり、すべての経費は「お客様のために使用しているのだから、お客様が負担するのは当たり前です」という考え方になるからです。

一方、Ⅱは、自社の製品に見合った金額を売上として顧客に支払って頂き、そこから会社の経営に必要な利益を差し引いたものが経費です、という考え方です。この考え方であれば、経費の限界が決まっている以上、1円でも無駄にしたら、その時点で会社として、商売としては成立しなくなるのです。

会社で使用する経費は、100パーセント、顧客が負担している。

売上がなければ、経費も利益も生まれません。顧客から頂いた金銭を無駄にすることなく、100パーセント還元する精神が、Ⅱには込められています。

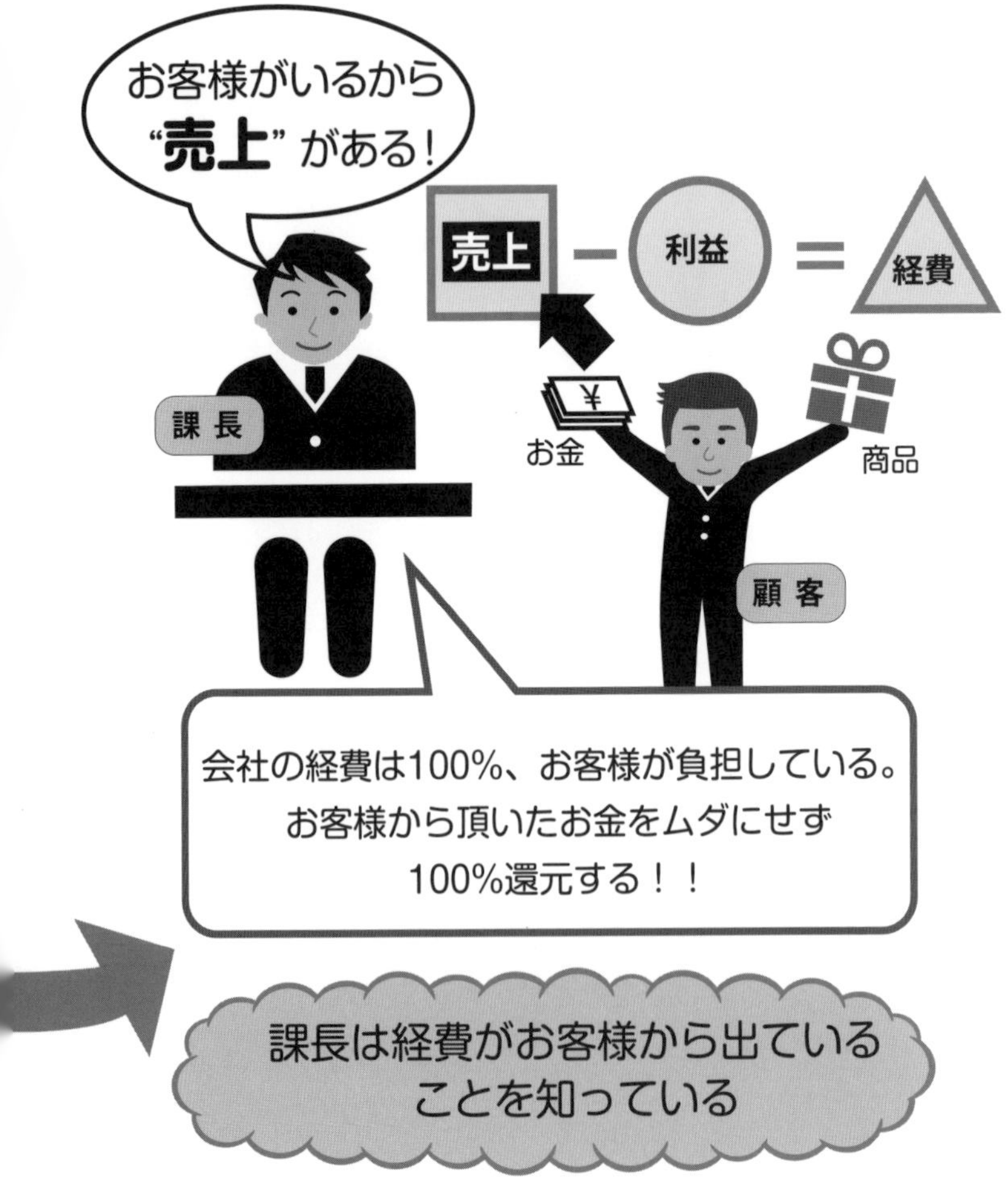
お客様がいるから
“売上”がある！
売上
利益
経費
お金
¥
商品
課長
顧客
会社の経費は100%、お客様が負担している。
お客様から頂いたお金をムダにせず
100%還元する！！
課長は経費がお客様から出ている
ことを知っている

課長は経費を管理する

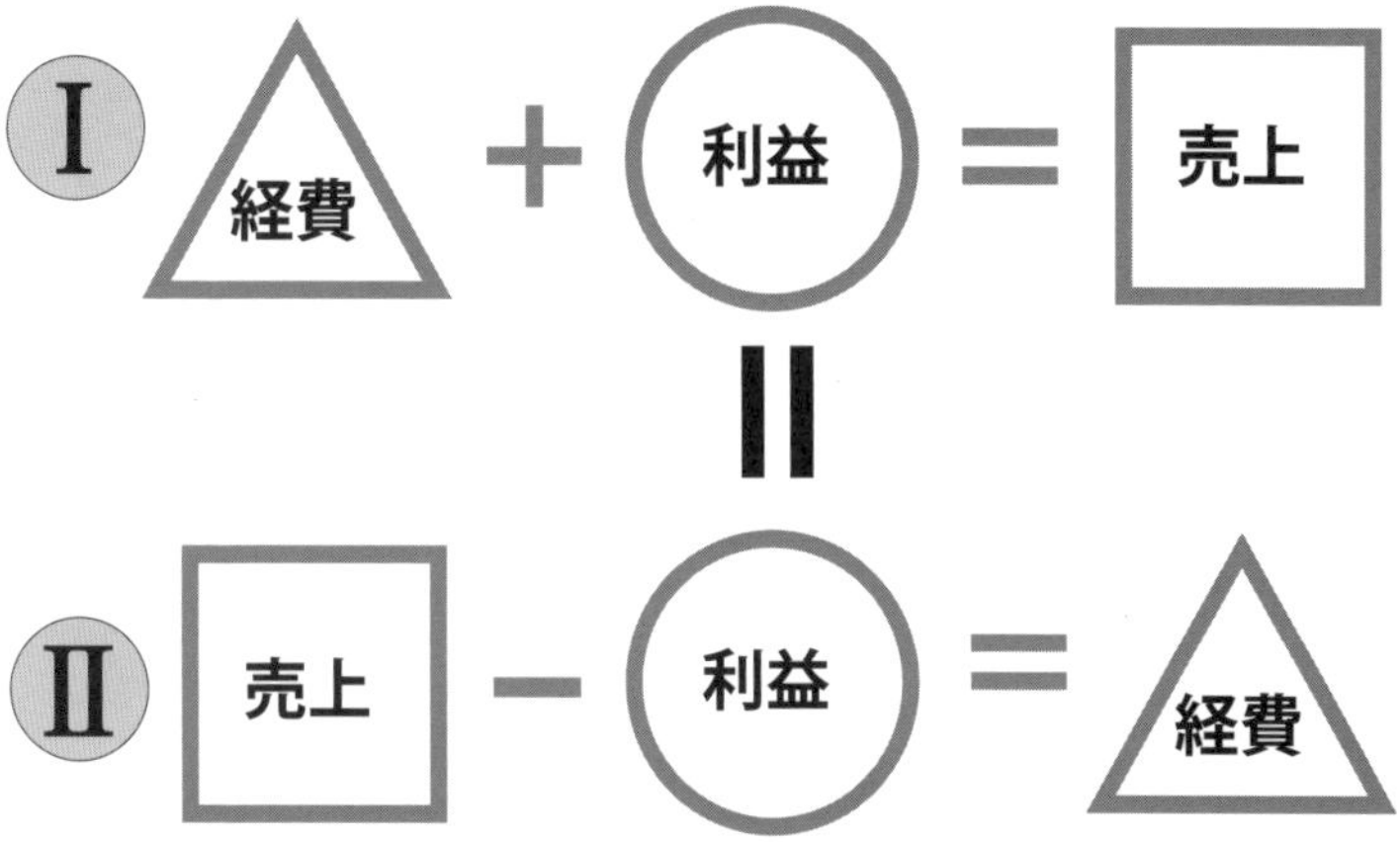

ⅠとⅡの数式は同じことを表しているようだが・・・

2 課長は「正しいこと」で会社の利益を守る

「正しいこと」と「成功すること」は決してイコールではありません。
実は、こう考えることが、会社ではとても大切になってきます。
会社にとって、「成功すること」は、利益を出すことです。
それでは、会社にとって「正しいこと」とは、いったい何なのでしょうか。

会社にとって正しいこととは、公共の利益を守ること。

公共の利益とは、社会一般にとってためになる共通の利益、という意味です。会社では、そこで働くすべての人にとっての利益ということができます。
よく問題となるのは、会社が掲げている「正しいこと」が、「公共の利益を守ること」なのか、「会社の利益を守ること」なのかを判別できないことです。会社がごく一部の人の利益しか守れないのなら、会社の中に不満を言う人が出てきます。

「上ばかりが給料が高い」

「あいつばかりが優遇されている」

このような不平不満は、会社を弱らせていきます。共に生きる、同じ釜の飯を食べている仲間だからこそ、会社のみんなの利益が守られるのが正しい姿です。


では、課長にとっての「正しさ」となにか。課長のあなたは何をしなければいけないのでしょうか。


あなたが部下を厳しく叱責したとします。自分が正しいことだと思って相手を厳しく注意しても、それが成功につながらなければ、注意された人の反感を買います。社内の人間関係に亀裂が入るだけです。

他人の行動を注意して直すには、あなたが注意したことにより、その人が自分の頭で、改善する方法を考えることが必要です。

確かに厳しく怒れば、一時的に部下のミスは減るかもしれません。

しかし、それが本当に部下のためになるのでしょうか。

部下は、また同じミスを繰り返すことでしょう。

これでは注意された部下は成長できません。確かに、強制的に行動を訂正させることで、「利益を得る」という成功は得られるかもしれません。

しかし、機械的な行動を繰り返す人は、自分の頭で考えていないために、自分で行動を訂正することができなくなります。

そうなると、その人を管理する立場にある課長は、その人から目を離すことができなくなります。

他の人にも目が届かなくなり、その管理に支障をきたします。

また、強制力を行使すれば、「その人の考えを抑え込む」ことになり、相手の精神状態を悪くしてしまいます。

ひいては、作業能率を低下させます。

相手は、故障している機械と同じ動きをしてしまいます。

結果として、一時的な成功を得ることはできるかもしれませんが、どちらかというと「失敗する」ことになりがちです。

課長の仕事は、人の管理です。

間違いを責めたり、強制的に訂正させることではありません。

部下が自分は間違っていたんだと自分で反省をして、二度とそのようなことがないよいうに気をつけさせることです。

これが、部下の成長につながります。

課長として正しいことは、社員を成長させること。

そのことが、結果として「利益を得る」という成功につながります。

3 課長はお金に込められた思いを感じとる

経費を無駄にしないためにとる行動が、「正しいこと」。

正しいことは、利益を手に入れることではなく「利益を守ること」。

そして、正しいことは、「失敗しないこと」。


確かに、失敗は経験という糧となって成長につながるはずです。

この観点から考えれば、失敗しないことが正しいことだとは言いがたい面もあります。しかし、失敗を必ず経験として活かせるかは、実際のところ、経験した本人次第という曖昧な部分があるため、失敗したほうがよいとは言いきれません。

ただ、失敗すれば間違いなく経費を無駄遣いすることになります。この現実的なマイナス部分をもって、失敗しないことは、利益を守ることとなり、結果的に正しいこととなります。

経費を無駄にしないということは、商売の基本です。

これができない会社に【商売＝経営】はできないということになります。

わずかな節約を「ケチ」と言う人がいます。そのように言う人は、頂いている金銭の価値を把握していない人です。

「金は天下の回りもの」などというように、金銭は、あらゆる所を回りまわって、自分の手元に届きます。次に誰の所に行くのかはわからないため、すべての金銭はみんなで大切に取り扱わなくてはなりません。

人の思いのこもった金銭を大切にできない人は、顧客を大切にできるはずがありません。

そのことを部下に理解させるのが、課長の仕事です。

金銭の大切さがわからない人は、間違いなく、自分自身の金銭も大切にできないので、預貯金もできないことでしょう。

こういう人は、いざというときに何もできず、開き直るので、責任感など身につくはずもありません。

これは、会社にも言えることであり、利益を出せない会社は、いざというときに何もできず、開き直るような無責任な集団となってしまいます。経費を無駄にしないことが、会社が「生きること」になります。

課長は経費の意味を知る
お客
お客
お客
お金に込められた
思いを知る
課長
経費をムダにしないことは
お客様を大切にすること
と同じ!

4 課長は「変動費」と「固定費」にわけて考える

会社の行動方針を考える上で、一番の指標になるのが、損益分岐点です。

ここでは、損益分岐点について考えていきます。

損益分岐点は、売上と経費が、等しくなった点のことをいいます。言葉で表すより、数式で表したほうが、理解しやすいので、その数式を以下に示します。

【売上】－【経費】＝0

【経費】について、もう少し詳しく説明すると【経費】は【変動費】と【固定費】にわけられます。

つまり、経費とは、変動費と固定費を一緒にしたものになります。変動費は売上に比例して増えます。固定費は売上に関係なく一定額かかります。

まったく別の性質を持っているものなのです。

それを一緒に考えていては、大切な経費の使い方を見誤ります。だからこそ、経費とひとまとめにせず、変動費と固定費にわけて考えることが大切です。

これが、経費を無駄にしないことにつながるのです。

経費を変動費と固定費にわけると、損益分岐点は次のようになります。

【売上】-【変動費】-【固定費】=0

利益が黒字になるか、赤字になるかが決まる大切なポイントが、損益分岐点です。通常の会社経営の状態を表す式は、以下のようになります。

【売上】-【変動費】-【固定費】=【利益】

図にしたほうがわかりやすいので、その図を記載しておきます。

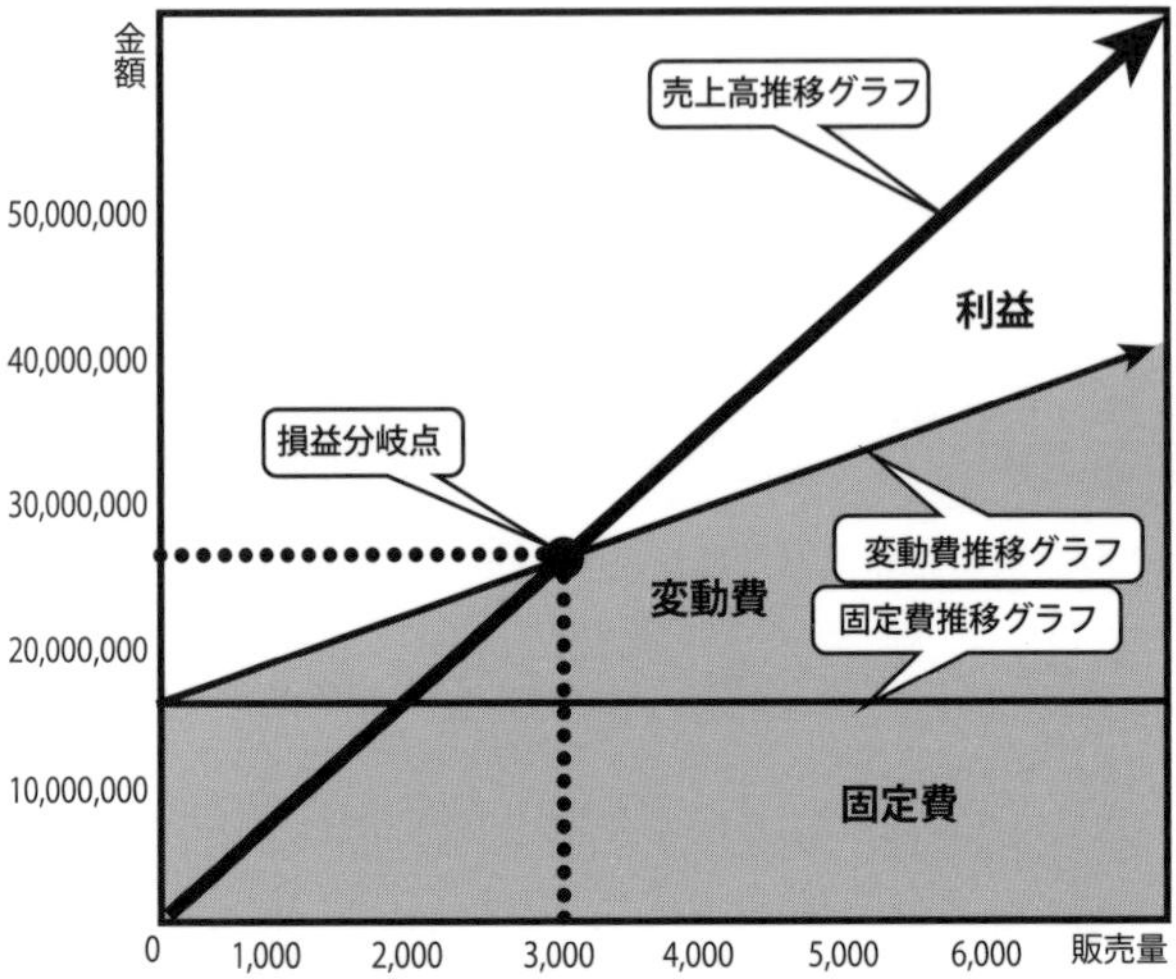

金額
50,000,000
40,000,000
30,000,000
20,000,000
10,000,000
0
1,000
2,000
3,000
4,000
5,000
6,000
販売量
売上高推移グラフ
利益
損益分岐点
変動費推移グラフ
変動費
固定費推移グラフ
固定費

損益分岐点

5 課長は「損益分岐点」にこだわる

ここからは、損益分岐点における【売上】について考えていきます。
【売上】は、以下のように変化させることができます。

【売上】=【変動費】+【固定費】+【利益】

変動費とは、売上に応じて増減する経費のことです。
一般的には、材料費や仕入原価、販売手数料などがあげられます。
それに対して固定費は、売上に関係なく一定でかかる経費のことです。
人件費や事務所・工場などの賃料などがあげられます。
変動費も固定費も利益もすべて、売上を構成する要素なのです。
数式的に見ても、資金的に見ても同じ結論にたどり着きます。

資金の最初にあるのは、やはり売上です。売上から経費を支払い、残ったものが利益となります。よく言われる「自転車操業」とは、まさに入ってきた売上を経費に回し、赤字でも経費の支払いを遅らせて、売上で次々と賄っていく方法です。

しかし、こう言うと、「会社の創業時に支払う開店費用は、売上から支払うことはできない」と考える人がいることでしょう。確かに、その通りです。では、開店費用は、どうしているのでしょうか。

これは、投資という作業になります。

最終的には回収されるべき金銭になります。回収するためにも利益が必要になります。創業時の利益は、先行投資されているために、正確には利益が出ているとはいえません。このことからも、売上からすべての経費を支払い、利益を出すことになります。

経費を使わなくては、会社は行動することができません。

行動できない会社は生きているとは言えません。

血液である金銭（経費）を回さなくては生きていけないのです。

その大事な血液を常に循環させる行為が売上を得ることになります[1]。

だからこそ、「売上は、会社においては、すべてです」となります。

これを曲解してしまうと、販促仕事と営業が同じものですと考えてしまう勘違いが起きてしまいます。

販促仕事は、営業(業を営む)の中の一部分でしかありません。

販促仕事と営業を同じものと考えると営業が会社経営することのように勘違いが起こります。

売上をあげる行為が販促仕事です。しかし、売上を維持する行為は製造仕事なのです。つまり、販促仕事も製造仕事も大事な売上を得る手段であることに変わりはありません。優劣をつけることにまったく意味がないのです。

そもそも優劣をつけようとするから争いが起きます。会社内における争いは、すべての目が会社内に向いてしまい、売上として支払ってくださるお客様を蔑ろにする行為です。そのような状況で、会社にとって大事な売上が得られるはずがありません。

会社にとって、売上が必要なのは、他の誰でもありません。会社が生きるためであり、会社の中で一緒に生きている社員のためなのです。生きるということは考えて行動することです。会社が行動するためには、必ず経費を必要とします。その経費を作り出す材料が売上です。

会社として考えて行動するから、経験を積むことができます。その経験が、会社そのものや会社と一緒に生きている人たちを成長させます。成長することこそ、生きることの目的です。

成長という目的を見失うことや放棄することは、生きることの意味を失う行為です。そのような生き方を誰も望んでいないはずです。

売上は、生きる目的である成長を手に入れるためのエネルギー源です。だからこそ、闇雲につかみとればいいわけではありません。そもそも会社が存続しなければ、「売上」という概念も必要なくなります。エネルギー供給過多で得た微量の売上に意味はありません。

経費を使うのは、人です。売上と経費のバランスをとるためには、人を管理しなくてはなりません。業を営む営業行為とは、人の管理です。販促仕事も製造仕事も共通してできることが人を管理することです。

会社が行動を起こすときに必要となるのは売上（金銭）です。

しかし、行動過多になり、経費を大量に消費することは、会社の存続そのものに影響します。だからこそ、売上と経費のバランスが大事なのです。

売上と経費のバランスを確認できるものが、損益分岐点なのです。故に、売上や経費と個別に見て、「売上が減っている」「経費をかけ過ぎている」というのではなく、損益分岐点を確認して、人を管理することで、適正な利益を得ることが大切です。

これはとても重要なことです。

課長はこのことをしっかり把握している必要があります。

「売上をあげるためならば、いくら経費をかけてもいい」、そんなふうに考えている人はいませんか。

売上を超える変動費と固定費を支出していては当然、利益はマイナスになります。

会社としても生きられなくなるでしょう。

課長は固定費と変動費を知る

6 課長は「変動比率」がなぜ動くか、知っている

売上に続き、変動費を説明したいと思います。
変動費は、以下の式で表すことができます。

【変動費】=【売上】×【変動比率】

変動比率は、数学の時間に習った「比例定数」のことです。定数というと、いつも一定の値になるように聞こえますが、正確には「意識的に変更しなければ、いつも一定の値」になるのが変動比率です(y=a×xの比例定数aに2を代入するという行為が、「意識的に変更しなければ、いつも一定の値」になるという意味です。つまり、aという比例定数に2を代入しなければ、常に一定の値aのままとなります)。

通常は、変動比率は売上に左右されることなく一定です。つまり、売上が減れば変動費も比例して下がり、売上が上がれば変動費も比例して増えます。

しかし、実際には変動比率は売上によって変化します。変動費として材料費を考えてみます。

たとえば、お客様から、製品の単価の減額を要求されたとします。その結果として、変動比率は、上がります。これは【変動比率】＝【変動費】÷【売上】という数式から理解できます。割る数である【売上】が減れば、今まで通りの変動費を使っても、変動比率は増えます。

変動比率が増えることは、会社としては製品ひとつあたりの利益率が減ることを意味しています。つまり、薄利多売の状況に陥ることになります。そのため、会社としては安い材料を購入して製品の原価を下げようとします。

当然、お客様によって下げられた単価の減額率よりも材料費の減額率を下げなくては意味がありません。つまり、そこには「変動比率を下げて、利益率を確保するぞ」という明確な意思が存在しています。

ここで、大きな勘違いが生まれます。会社にいれば、必ず、原価を考えるようになります。原価を考えるようになると、売上の減少が変動比率に大きく影響しているように感じます。そのため、売上をあげることに躍起になるのです。

これが、勘違いなのです。変動比率は、絶対に売上に左右されません。変動比率が変わる原因に売上の変化は含まれません。変動比率が変わる原因は、売上の変化で心に変化が起こった人の気持ちです。

人の気持ちの変化が変動比率を変えます。

つまり、売上が下がったから自動的に変動比率が変化するのではありません。変動比率が変化するのは、そこに明確な人の意思が働くからです。

変動比率（原価）を下げなくては利益が減るという恐怖心が、変動比率を変化させるのです。

変動比率は売上に左右されるのではない。
それは会社を経営している人の意志に左右される。
変動比率は、絶対に売上に左右されることはない。

そして、変動費を考える上で、もうひとつ大事な考え方が、

【限界利益】＝【売上】－【変動費】

という考え方です。この式は、売上から変動費を引いたものが限界利益となることを意味しています。問題なのは、【限界利益】という言葉なのですが、これは、読んで字のごとく、企業として出せる限界の利益であることを意味しています。

つまり、企業としては、売上から変動費を引いた額までしか利益を出せないことを意味しています。

変動費は、会社が存続している以上、絶対になくならないこと。

課長として、この事実を受け入れなくてはなりません。それができれば、会社が生き残るためには、いかに【変動比率】を低く設定できるかが、鍵を握ることを理解できます。

完成度の高い製品を作りたいためには、変動費である原価をなるべくかけたくなるのが人情です。しかし、原価を高く設定することは、変動比率をあげる行為であり、利益を圧迫することになります。利益を圧迫することで、不測の事態に柔軟に対処できなくなります。

だからこそ、原価をあげることで製品完成度をあげるのではなく、技術をあげることで製品完成度をあげることが求められるのです。それでも限界があるかもしれません。そのときは、原価をあげた分を値上げすることで利益を確保して、不測の事態に備えなくてはなりません。

大事なことは、人の意思で物事を変化させることです。「売上が下がったから仕方なく、変動比率を下げました」というように売上のせいにするのではなく、「利益を確保するために、一時的に変動比率を下げる」と明確な意思を持つことが大切なのです。

明確な意思こそ、強い意志の表れであり、強い意志が決断力を生みます。

なによりも人は強い意志に魅かれるものです。

曖昧な意思表示することなく、強い意志を表示することが大事です。

課長が自分の信念を伝えれば、安心感をまわりの人に与えることができます。

課長は変動比率と限界比率を知っている

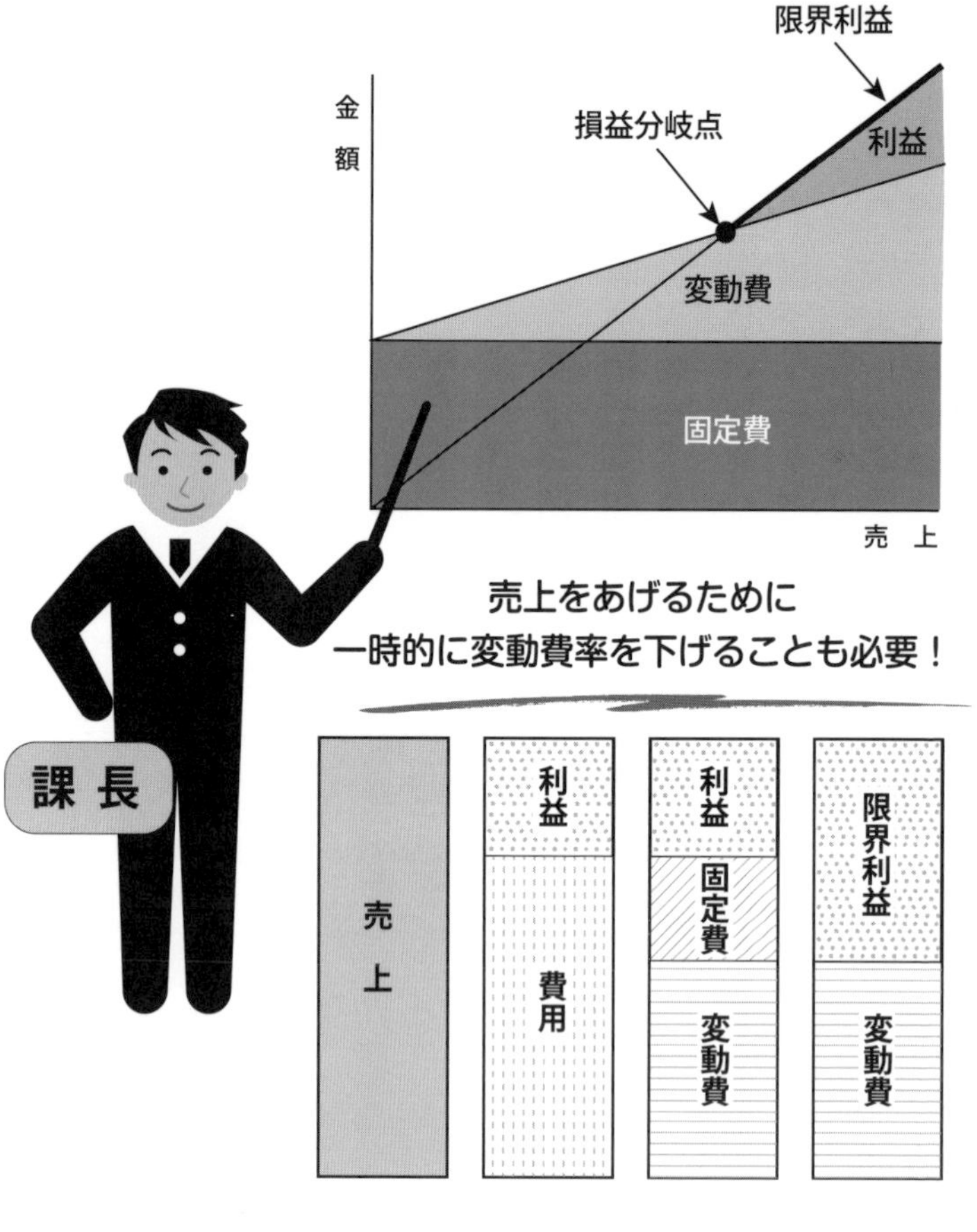

7 課長は「固定比率」がなぜ動くか、知っている

固定費は、通常の説明では、「売上に左右されない経費です」という意味合いのものが多いように思われます。これをもう少し正確に言ってみることにします。

「固定費は、算出要素に売上を含んでいない経費のことです」

が正確な言い方です。固定費の代表的な経費である人件費を考えればわかります。人件費は、【時給】×【労働時間】または、単に【月給】という一定額として算出されます。よって、人件費を求める算出式には、一切、売上という要素は出てきません。つまり、算出要素に売上が含まれていないため、売上の変化には左右されないのです。

ところが、この考え方を変動費に当てはめると、

「変動費は、算出要素に売上を含んでいる経費のことです」

となります。この考え方を変動費である材料費に適用すると、おかしなことになります。材料費は、【材料単価】×【仕入数】で求められるものです。この数式には、一切、売上という要素は出てきません。

材料費は、正確に言えば、間違いなく固定費です。こう言うと、あらゆるところから攻撃されそうですが、間違いなく材料費は固定費なのです。これを言いたいために、「固定費は、算出要素に売上を含んでいない経費のことです」と、わざわざ言ったのです。

なぜ、材料費が変動費と勘違いされるのでしょうか。その一番の理由は、算術的な勘違いではなく、会社側の希望だからです。つまり、会社の希望で、材料費は、変動費として扱われているのです。

これは、どういうことかというと、材料を売上の要素として取り扱う場合の方法は、ただひとつです。仕入数と販売数を完全に一致させることです。そう考えれば、以下の数式が成立します。

【売　上】＝【売上単価】×【販売数】……Ⅰ
【材料費】＝【材料単価】×【仕入数】……Ⅱ
【販売数】＝【仕入数】…………………Ⅲ

Ⅰの式を変形すると
【販売数】＝【売上】÷【売上単価】……Ⅳ

Ⅱの式にⅢの式を代入すると
【材料費】＝【材料単価】×【販売数】……Ⅴ

Ⅴの式にⅣの式を代入すると
【材料費】＝【材料単価】×【売上】÷【売上単価】

これを変形すると
【材料費】＝（【材料単価】÷【売上単価】）×【売上】

となります。よって、（【材料単価】÷【売上単価】）の部分が変動比率となり、材料費の中に、【売上】が含まれていることが証明されるのです。

これで、「材料費は変動費です」と結論づけて、喜ぶわけにはいきません。もう皆様も気づいている通り、仕入数と販売数が一致することなど、現実の会社経営の中では、絶対にありえないからです。

通常、仕入数と販売数が一致するということは、販売数は、製造数とも一致しなくてはなりません。これが現実の会社経営において、成立するのでしょうか。これが成立するためには、製造した製品すべてを、同じ額の金銭と交換する必要があります。

このようなことが成立するはずがありません。これを実行するならば、一切の値段変更もできず、不良品も絶対に出さないことになります。つまり、お客様からクレームをもらおうと対処せず、一切、無視しなくてはなりません。お客様を無視することが、商売として成立するのでしょうか。商売が成立しないのに、会社の経営が成り立つのでしょうか。

このことから、材料費は絶対に変動費ではなく、固定費になるのです。よって、固定費で材料費は、絶対に売上に左右されることはありません。

次に、変動費同様、固定比率について考えてみましょう。

損益分岐点での固定費を求めてみましょう。

【売上】－【変動費】－【固定費】＝0
【固定費】＝【売上】－【変動費】

これに、【変動費】＝【売上】×【変動比率】を代入すると

【固定費】＝【売上】－【売上】×【変動比率】
　＝【売上】×（1－【変動比率】）

【固定費】÷【売上】＝1－【変動比率】
【固定費】÷【売上】が固定比率ですので、
【固定比率】＝1－【変動比率】

となります。1から定数である変動比率を引くため、固定比率は、やはり、定数になり、「売上に左右されません」というと、勘違いをすることになるでしょう。
損益分岐点は、読んで字のごとく、一点しか存在しない点を表しています。そ

の一点においては、すべての値が確定しているので、答えが確定されるのは当たり前です。

本来の固定比率は、通常通り、固定費を売上で割ったものになります。


【固定比率】＝【固定費】÷【売上】


となり、固定費は定数のため、固定比率は、売上に反比例することになります。よって、固定比率は、間違いなく売上に左右されます。

ただし、損益分岐点的な考え方をするならば、固定比率を求めることに何の意味もありません。固定比率を求めたのは、あくまで、変動費との対比のためであり、より変動費と固定費の違いを明確にするために求めたに過ぎません。

「変動費は売上に左右されるが、変動比率は売上に左右されない」

「固定費は売上に左右されないが、固定比率は売上に左右される」

というように、明確な相違点をあげたかったのです。

ここで大切なことは、固定比率ではありません。固定費そのものが、とても大切なのです。

固定費は、変動費と違い、売上に左右されません。極端な話をすれば、固定費を0にしても売上は減らないのです。「会社のすべてである売上を減らすことなく、経費で固定費を減らすことは、間違いなく利益をあげることになります」というと、これも間違いです。

固定費は、確かに売上に左右されない。
しかし、売上は、固定費に左右される。

これは、算術的に考えていては、絶対に導き出すことはできません。つまり、机上の空論ではなく、現実社会で起きる問題として考える必要があります。そうすると、すぐに答えが出ます。

当たり前です。固定費を削減することは、会社の縮小を意味します。固定費には、製造に関わっている人たちの人件費が含まれています。さらに、家賃も固定費になります。それらを削ることは、会社の規模を小さくして、売上を見合った数値に減らすことを意味しています。

では、本当に、固定費は売上に左右されないかというと、それも、やはり間違いです。固定費も現実的には、売上に左右されます。先ほどと逆の場合を考えれば、すぐにわかります。売上が増えた場合、物理的に、現状維持で生産数を増やすことは不可能です。工場を広くし、製造に関わる人数を増やさなくてはなりません。もっとわかりやすく言えば、固定費と言いきった材料費などは、その最たるものです。

これが理解できないのは、現状の生産数と人員数の割合が、適正ではないからです。その遊びの部分だけ、売上の増減に左右されていないだけです。会社の努力不足で、適正人員で稼働されていない事実を理解していないということです。

厳密に言えば、固定費は、売上に比例したり反比例したりして増減しないだけです。

固定費は、算術的に売上に左右されないだけです。

現実的には左右されることを、課長は決して忘れてはいけません。

8
課長は「損益分岐点」をこうとらえる

損益分岐点は結果ではなく達成目標

「損益分岐点」は、会社経営においては、とても大切な要素になることは、ここまでの説明で十分にわかって頂けたことと思います。

「損益分岐点」において、一番注意を必要とすることが、変動費と固定費と利益の関係です。

変動費は、売上に比例して変化する経費です。つまり、「売上」の増減で、「変動費」も一定の割合で変化します。ここで考えてほしいのは、もし、すべての経費が「変動費」であった場合、「利益」も「売上」に比例して変化することになります。よって、売上が、減っても変動比率が１００パーセント未満であれば、利益は、必ず黒字になります。

逆に、前述したように、「固定費」は、正確に言えば、「売上」の変化にわずかながら引きずられて変化します。その変化が、「変動費」ほど、顕著なものでないために、大局的に見て、「売上」に左右されないと言っているに過ぎません。よって、とても、不安定な要素になります。そのような要素を大量に抱えて経営することは、博打的要素が強くなることになり、健全な経営状態からかけ離れたものになります。

会社としては、「固定費」をなるべく少なくし、「変動費」の占める割合を高くすることで、「利益」を出しやすくすることが必要になります。

しかし、「損益分岐点」は、あくまで算術的、数値的に求めるものです。算術的に求められたものは、決して現実と一致することはありません。よって、「損益分岐点」から算術的に求められるものは、すべて現実社会と一致することはないと思わなくてはなりません。なぜ、「思わなくてはならない」というのか、これは、実際に、偶然で一致しないとは限らないからです。つまり、「偶然」による一致など、いちいち考慮する必要がないのです。それゆえに、「絶対に、算術的に求められたものは、現実と一致しない」と断言するのではなく、「と思わなくてはならない」と義務化しているのです。

つまり、算術的に求められたものは、結果ではなく、予測であり、達成目標値でしかありません。限りなく近づけることを目標として、努力するのです。それなのに、結果のような、扱いには危険を伴います。

9

一流の課長は「ここを叱る」！

算術で求めたものを結果として、会社内のみんなに無理強いさせても、絶対に、得られた結果と一致はしません。しかし、無理強いさせたほうは、結果だと思い込んでいるために、間違いなく、相手を責めることになります。

そのような状態で、信頼関係など、築くことができるはずがありません。結局、辞めていくか、諦めの境地に立って残るかの、どちらかしか選択肢がなくなります。そのような会社に、未来があるはずがありません。

一流の課長は、「損益分岐点」は「結果ではなく達成目標です」と考えます。

会社として、「目標」は絶対に必要です。

それがなければ、会社としての歩みは、「行き当たりばったり」か「目隠し状態」で進むしかなくなります。つまり、「目標」は、先を照らす明かりなのです。明かりは、いつも先を照らし続ける必要があります。よって、「目標」は、いつも更新され続け、会社が歩み続ける限り、持ち続けることになります。

それほど、「目標」は、会社にとって大事なものです。その大事な「目標」を手にいれるための指標となるのが、「損益分岐点」になります。よって、会社としてなくてはならない考え方です。

気をつけなくてはならないことは、損益分岐点から得られた目標は、結果ではないので、一致しなくても誰のことも責めてはいけません。もともと、一致は絶対にしないものなのです。責めるべきは結果ではなく、「そこに到達しようと、どれだけ努力したか」の過程において責めるべきです。

努力しないという姿勢が会社を駄目にします。その点は、会社内の全員に迷惑をかけることになるのですから、責められてしかるべきです。集団内で努力を放棄すると、その放棄された努力分を集団内で補完しなくてはなりません。

その補完ができなかったときに失敗として顕在化してしまうのです。言い換えれば、ひとりの努力ではなく、全員の努力の集積が集団で得られる成功なのです。

「努力は、努めて力を使うこと」であり、目標に意識を集中して行動することなのです。集団としての本当の成功は、全員が目標に向かってひとつとなって行動することです。だからこそ、過程がとても大切になります。

これが、昔から言われるように、「結果ではなく、過程が大事です」という考え方なのです。

課長は、部下の「過程での努力」が認められないときに、初めて責めることができます。

そして一番勘違いしてはならないことが、利益は最終的に結果として得られるものだということです。

売上と変動費と固定費が確定されて、最終的に求められるものが利益です。よって、絶対に最初に求めることはできません。

会社として生きるために必要なことは、利益だけを見るのではなく、売上と変動費と固定費を同時に管理することで、結果的に利益を出すことです。

つまり、会社として固定費や変動費を削減する努力をして、お客様が、その努力を認めてくださったときに利益という結果が得られるのです。

第 5 章

一流の課長が「会社を強くする」!

1 課長は、こう「繰り返す（ダ・カーポ）」

企業にとって大事なことは、「常に言い続けること」です。これは、一度では理解できなくても繰り返し伝えることによって、諦めずに目的を達成することが大切だ、という意味です。

それと同時に、企業では「やり始めたことは投げ出さずに継続することが大事」という言葉もよく聞きます。これは、諦めずに努力し続けることが大切だということです。

「繰り返し」と「継続」は一見同じように見えます。実際、多くの人は繰り返しと継続を同じように使っているようです。しかし、実は違うものです。この章では、まずはこの違いを知って頂くことから進めたいと思います。

繰り返しとは、読んで字のごとく、同じ動作、決まった動作を常に行うことです。この言葉には、受け身の意味が含まれています。

これは、学生時代を思い出すとわかるかもしれません。学生時代に、勉強することを学校や親から強制されたという（苦い？）思い出をお持ちの方もいらっしゃるのではないかと思います。そんなふうにしてがんばった勉強は「勉めることを強いる行為」、つまり「繰り返し」の動作、行為なのです。

繰り返しの動作とは、教育のことを意味します。

音楽の記号で「ダ・カーポ（D.C.）」というものがあります。これは本来、「はじめに戻る」という意味です。はじめに戻ったら、また最後まで演奏をする必要があります。これと同じように、企業において教育される側は、受動的にその仕事をこなして、習慣として身につけることを求められます。

仕事が習慣化すると、頭で考えなくても身体が勝手に動き、反射的にその仕事をこなすことができるようになります。いきなり行動に移すことができるのです。そうするうちに仕事の速度もあがります。繰り返しの動作を突き詰めていくと、動作はどんどん加速していくことになります。

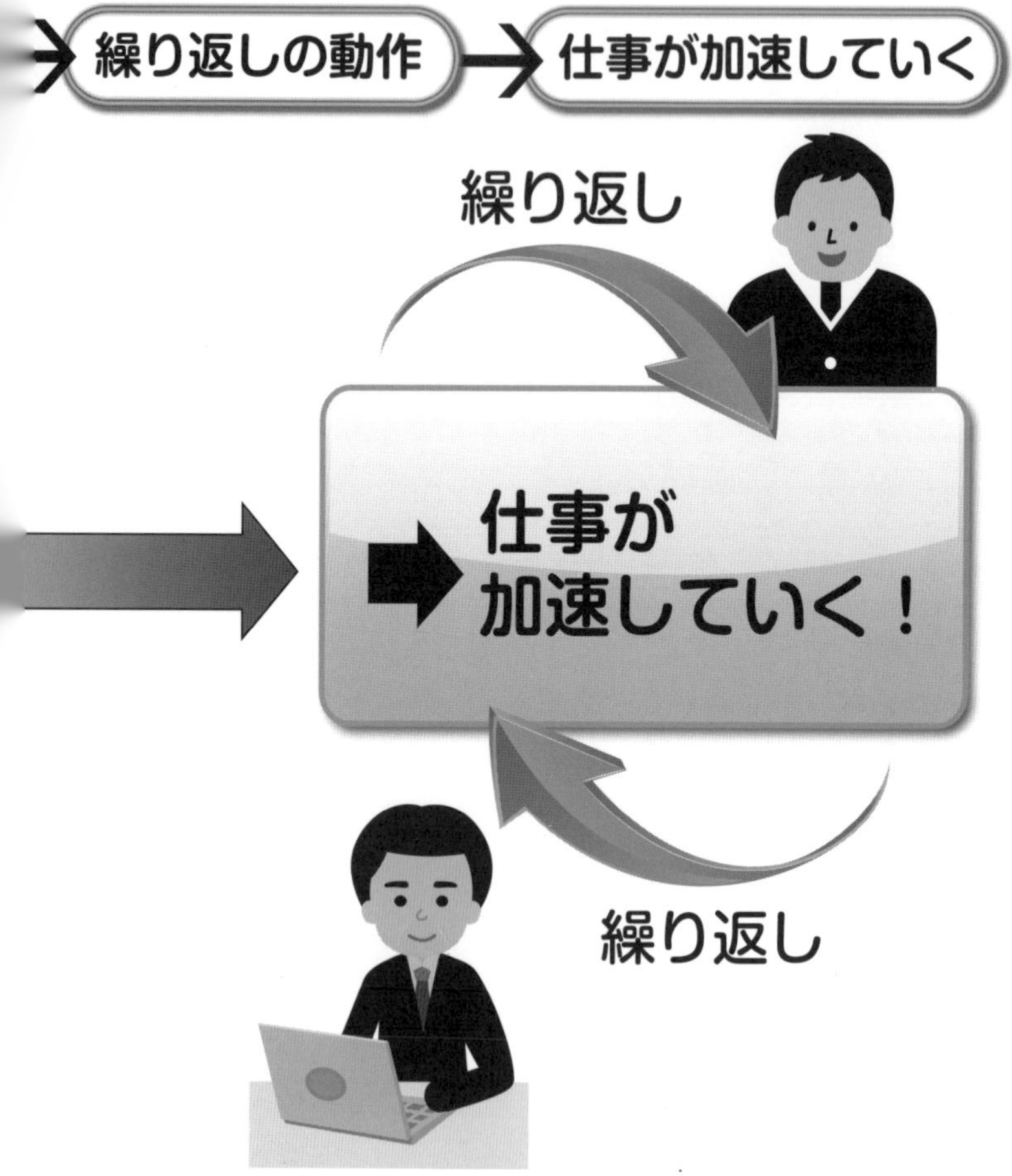
繰り返しの動作
仕事が加速していく
繰り返し
仕事が
加速していく！
繰り返し

仕事を習慣化する
繰り返し
仕事の習慣化
繰り返し

2

課長は、こう「継続（コンティニュー）する」

次に、前項で紹介した「継続」について、繰り返しとどう違うのかを考えてみたいと思います。言葉は似ていますが、まったく違います。繰り返しは「教育」、継続は「学習」なのです。

こう書くと、勘のいいあなたはもしかするとお気づきになったかもしれません。教育はあくまで受け身の動作でした。それに対して学習は「自分の意志で学ぶ行為」、つまり能動的な動作なのです。

自分が欲しいと思う知識を自分の意志で習うことが学習です。そして、その知識が身につくと、また別の疑問が出てきて、それを学習で身につけていくようになります。これが「継続」です。

学校の勉強は学校や親がやれっていったからやったという方でも、自分の好きなことにはどんどん興味がわいてきて、自分で知識を身につけていったという経験はあるのではないかと思います。

国語や数学、英語だけではありません。マンガやスポーツや音楽でもいいのです。人それぞれ興味のあることは違いますが、それに没頭したことはあるでしょう。もしかしたら、子どものときから今まで、ライフワークのように突き詰めている方もいるかもしれません。

繰り返しと継続では、「始点」が違います。

繰り返しと継続の一番の違いは、始点にあります。

繰り返しは、今までの経験を無視して、必ず最初の出発点に戻ってからスタートします。それに対して、継続では、今までの経験を生かし、前日の終点が翌日のスタート地点となるのです。

継続は英語で「コンティニュー（CONTINUE）」といいます。ゲームなどでも、ゲームオーバーになるとまた最初からやり直しですが、コンティニューができればそれまでの状態を保ったまま続きからできますね。それと似ているといえるでしょう。

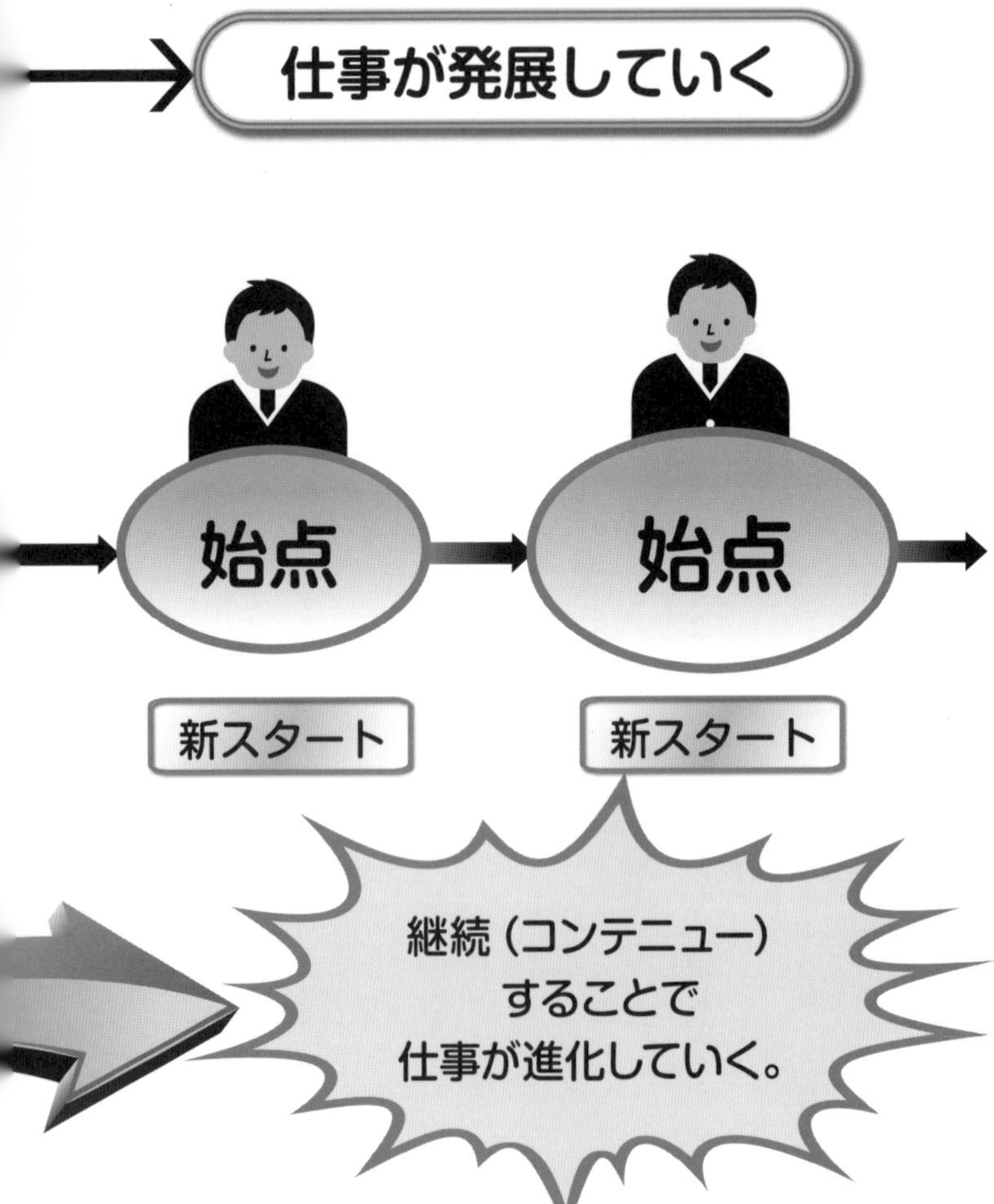
仕事が発展していく
始点
始点
新スタート
新スタート
継続（コンテニュー）
することで
仕事が進化していく。

仕事を習慣化する
始点
始点
始点
新スタート
新スタート
いつも新しい
スタートをきる！

3 課長は「繰り返し」も「継続」も重視する

受動的な「繰り返し」と、能動的な「継続」。このように書くと、企業に必要なのは継続であり、繰り返しはまったく必要ないと感じられてしまうかもしれません。

なぜなら、繰り返しには、それをする人の考えは何も反映されていないように見えるからです。単純作業の繰り返しならば、機械任せにしたほうが手早く済むケースもたくさんあるでしょう。多少複雑な作業や、臨機応変な対応が必要な作業はまだ人間のほうが上回る部分もありますから、人の繰り返しを否定することはできませんが、それでも人が成長する「継続」に比べると、どうしても見劣りしてしまうでしょう。

しかし、そうではありません。繰り返しも継続も、企業には両方とも絶対に必要です。

継続をするためには、繰り返しが必要です。

継続が大事なことはいうまでもありません。しかし、継続をするためには、あなたは繰り返しをセットで行う必要があるのです。

継続をするために一番必要なのは、その人の余裕です。余裕のない人は時間的・精神的に追い詰められてしまうため、継続ができなくなります。

余裕を生み出すためには、仕事の速度を上げて時間の隙間を作り出すしかありません。この、仕事の速度アップに役立つのが繰り返しでした。

繰り返しによって仕事の速度をアップし、学習の土台を作り出し、その上で学習によって自分自身の成長をつかんでもらうことが、非常に重要になるといえるでしょう。

課長はこの段階を知った上で、部下に対して繰り返しと継続をうまく与えて、成長を促していく必要があるのです。

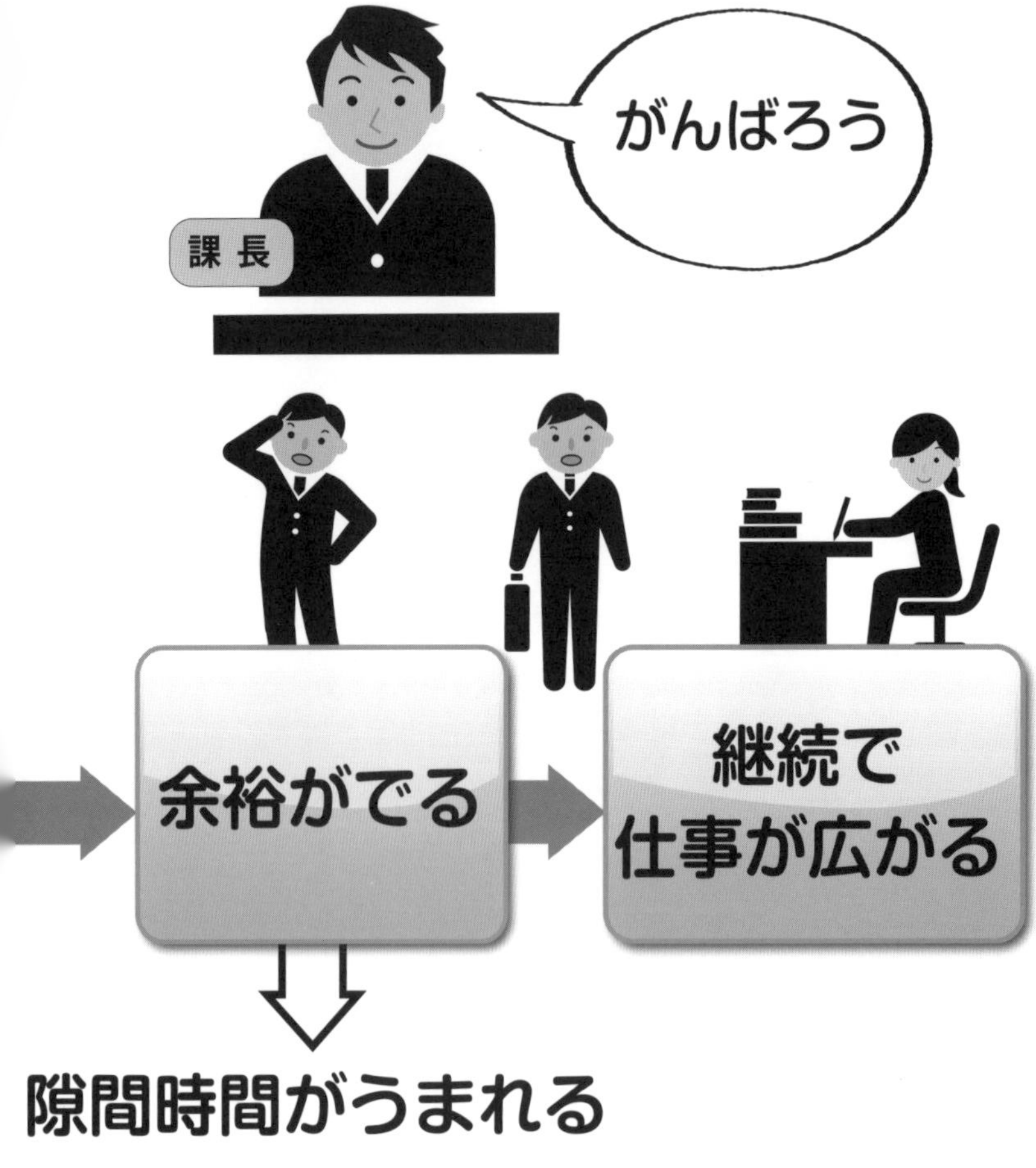
がんばろう
課長
余裕がでる
継続で
仕事が広がる
隙間時間がうまれる

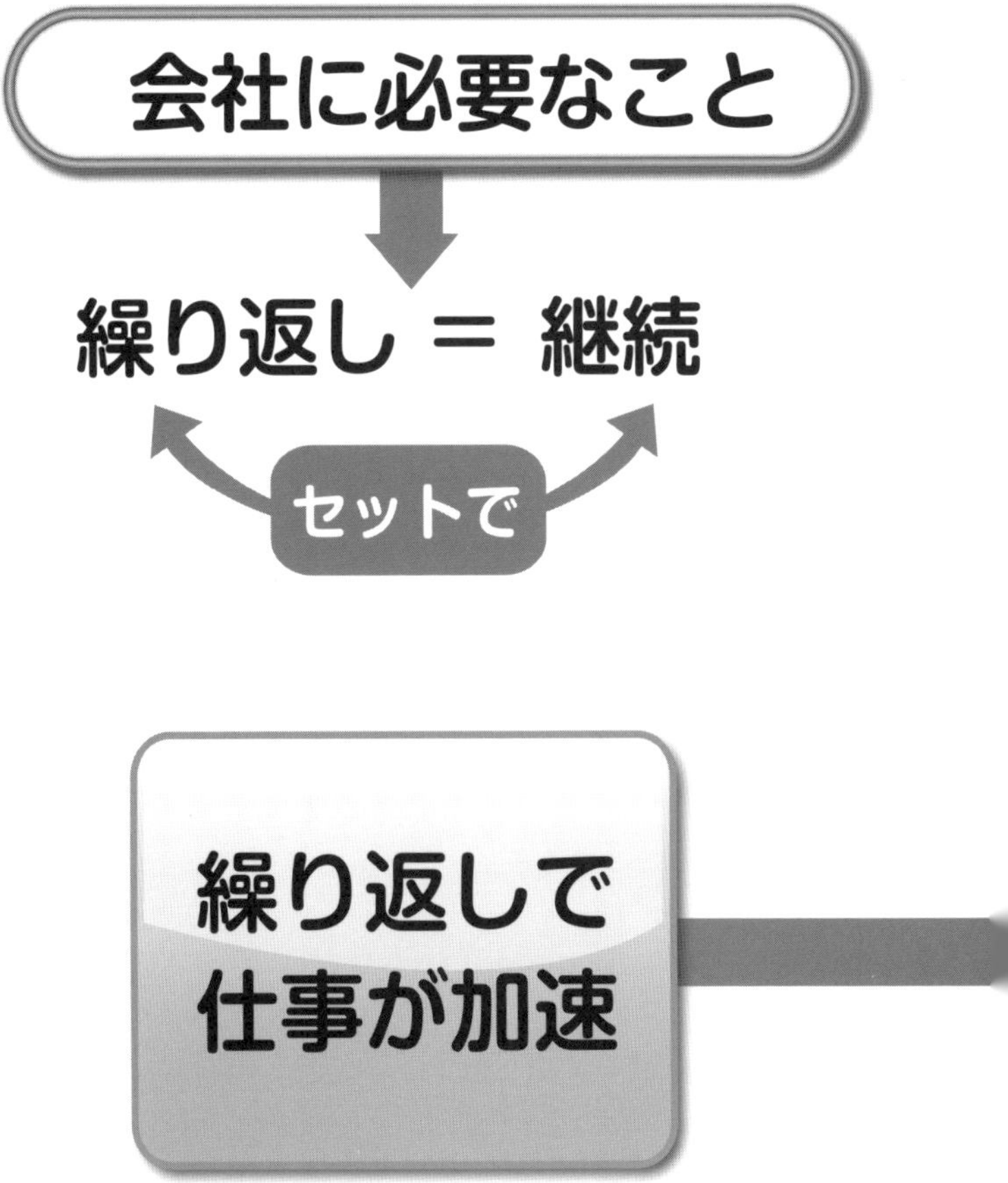
会社に必要なこと
繰り返し ＝ 継続
セットで
繰り返しで
仕事が加速

4 課長は恐怖心を乗り越える

　ここまで、企業が生きることとは、企業内の社員、個人が生きることだと申し上げてきました。また、その方法も示してきました。実は、それほど大したことではありません。誰でも、同様のことを思いつくことができるでしょう。しかし、その方法を実行できるかといえば、できない人のほうが多いと思われます。それはどうしてでしょうか。

　それは、その方法のほとんどが、人間関係についてのものだからです。2人以上集まれば築かれる、人と人とをつなぐ架け橋である人間関係。その改善策を述べてきたのです。改善のための公式があるわけでもないからです。

　管理職以上の人に話を聞くと、「会社は動物園なんだよ。いろいろな動物がいて、言葉が通じない。同じ方法で接しても、同じようには教育できないんだよ」といったことをいわれます。この中にこそ、実行できない理由が2つ含まれています。

ひとつは「言葉が通じない」という点です。コミュニケーションが足りないというよりも、コミュニケーションの仕方に問題があるということです。

もうひとつは「同じ方法で接しても、同じように教育できない」という点です。

つまり、改善方法を考えついても、その方法が通用するのは、ごく一部に対してのみで、ほとんど役に立たないということです。

この立場に立つ限り、一生改善することはできないでしょう。


他人の心に接する恐怖心が、改善を妨げます。


改善できない本当の理由は、「他人の心（内面）に接する恐怖心（他人の気持ちを変えることは人にはできないという思い）」があるからです。

改善策は誰でも考えればわかるはずです。しかし、その改善策を実行しようとすると、会社に関わる人の数だけ手段が必要になります。それは大変なことには違いありませんが、企業には、信頼関係を築くことが求められます。そして、その役割を果たすのが課長なのです。

信頼関係
わかりました。
まかせたよ！
この人の
ために
がんばろう
信頼して
いるよ

課長は恐怖心を乗り越えて、「信頼関係」を結ぶ

他人の心はわからない。
でも、それを乗り越えなければ、
信頼関係は結べません。

あいつ
オレのことどう思っているんだろう?
オレのこと嫌いなのかな?
みんながオレを仲間はずれにする
オレの悪口を言っているにちがいない
社長に告げ口しないかな
他人の心が恐い
のりこえる
コミュニケーションをとる
恐怖心を乗り越える!

5

「変化すべきところ」「変化してはいけないところ」はここ

人も企業も、生きるために変化しなくてはならないのですが、変化の方向が正しくなくともある程度生き残れる点に問題があります。

「初心忘るべからず」という言葉はいつの間にか忘れられてしまい、変化してはいけないものまで変化してしまうのです。これは、とくに上に立つ者が強い力を発揮するほど起きる現象です。「お客様のために」という思いが、いつの間にか「強い力を持つ者のために」となってしまうのです。

保身からでしょうか。それとも出世欲でしょうか。理由はともあれ、こうなると本末転倒で、上司のご機嫌とるための機械にしかならなくなってしまうのです。それも、ただの機械というより壊れかけた機械です。上司の調整により多少は生き残れるのですが、それも長くは続かず、絶対に生き残ることはできません。

変化しなくてはならないのですが、すべて変化してしまうようでは、迷走するだけです。

課長は、目標となるゆるぎない「信念」を持っています。

迷走しないためには、目標となる信念をしっかり自分自身の中に持たなくてはなりません。その芯を中心として、目標に至るまでの方法や手段は変化させても、目標自体を変化させてはいけないのです。

成功しようと失敗しようと、変化はし続けなければいけません。そしてその変化は「繰り返し」ではなく「継続」によって生まれるのです。つまり、自分自身の意志で変化しなければいけません。「そうさせられる」ではなく「そうなるぞ」という強い思いが必要なのです。

上に立つほど「あいつは責任感がないから、もっと厳しくして責任感を植え付けよう」などと考えがちです。しかし、それはその人の能力不足です。「責任感がないのは私の指導力がないからだ。だから、もっと責任感を持って接するようにしよう」と、自ら能動的に変化することが課長には求められるのです。

目標
目標達成する！
社長
方法
手段・方法は
ケースバイケースで
課長は
がんばっとるな。
つぎは部長だな。

強い信念が目標を達成する

6 課長は自らを変化させる

改善策を実行するには、変化が必要だということがわかりました。

相手を変化させようとすることは難しいことです。自分にはどうしようもない他人の意思を変化させなくてはいけないからです。せいぜい、自分の意思で変われるように促すくらいしかできないでしょう。

正確には、「こうなってほしい」という願望を持って接し、変化の方向性をつけていくことになります。つまり、自分の思っている方向に変わってもらい、自分の手助けをしてほしいという願いからコミュニケーションをとります。

だから、相手が変化できると信じてあげなくてはなりません。誰のためでもない自分自身のために、その人が変われるとあなた自身が信じることが大切だということを忘れないでおきましょう。

一方、あなたが変化することは決して難しくありません。明日からでも「変わるぞ」と本気で思えば、あなたの考えひとつで変われるはずです。

しかし、そうした際に、何か心に引っかかる、変化をためらうような要素があれば、無理に変化しないほうがいいでしょう。その変化には、何かしら受動的な要素が含まれています。能動的に変化できない以上は、それはできない変化です。無理にできない変化をするということは、自分でなくなることを意味します。自分でなくなるような変化は絶対にやらないほうがいいでしょう。

変化をしたかどうか、結果を確認することは大切です。

もっとも強い者が生き残るわけではなく、もっとも賢い者が生き残るわけではなく、唯一生き残るのは変化できる者である。ダーウィンの言葉です。これを言い換えると、「強い実行力のある者が生き残るわけではなく、考えることができる者が生き残るわけではなく、唯一生き残るのは変化したことを確認できる者である」とでもいえるでしょうか。

変化を確認することが、改善策を実行することにつながっていくのです。

自分が変わった結果を
確認する！
結果 A
確認！
結果 B
確認！
結果 C
確認！
変わった課長

課長は自らを変化させる
もっと
こうしろ!
こうなって
くれたらいいのに…
相手
相手
相手
こう
変われ!
課 長
相手を変えようとするのではなく…
自分が
こうなろう
変わるぞ!
課 長
課 長
課長自らが変わる!

7 課長は、これほどの信頼関係を築く

会社が法人としての人生をまっとうするためには、会社に関わるすべての人と信頼関係を築くことが必要です。ここでいうすべての人とは、社員や取引先だけでなく、お客様やその家族に至るまですべての人を指します。

ここまで規模が広いと、会社として大きな器を持っていることが求められます。そして、信頼関係である以上、平等な関係を持っていることが大切です。

一見、会社が一方的に優位なほうが喜ばしく思えるかもしれません。しかし、会社が優位に立つということは、相手が劣勢になるということです。そうすると相手は、関係を改善しようとするか、手っとり早く関係を断とうとするかしかなくなってしまいます。そして、関係が断たれてしまうと、会社は利益を減らす結果につながります。

そのため、会社が法人としての人生をまっとうするには、すべての人々と平等

な信頼関係を維持することが絶対に必要なのです。

課長はケースバイケースでコミュニケーションを主導権を握りながらとる必要があります。

課長のあなたは会社の規模を拡大する（関係する人を増やす）ことによって、人生をまっとうしていくのです。ただし、これだけのことをひとり、あるいはごく一部の人たちだけでできるはずがありません。そのためにも、協力体制が必要です。

会社が信頼関係を最初に結ばなければならないのは、やはり、会社内の人たちです。その信頼関係を結んだ会社内の人たちが、最初に信頼関係を結ぶのは、会社ではなく、自分の家族です。

そして、同様に、その社員達が、個人的にいろいろな人たちと信頼関係を結べば、自然と、その人たちの参加している会社側とも、信頼関係を築けます。結果的に、会社内にいない人とも信頼関係を築くことになり、会社としての行動範囲が広くなるのです。

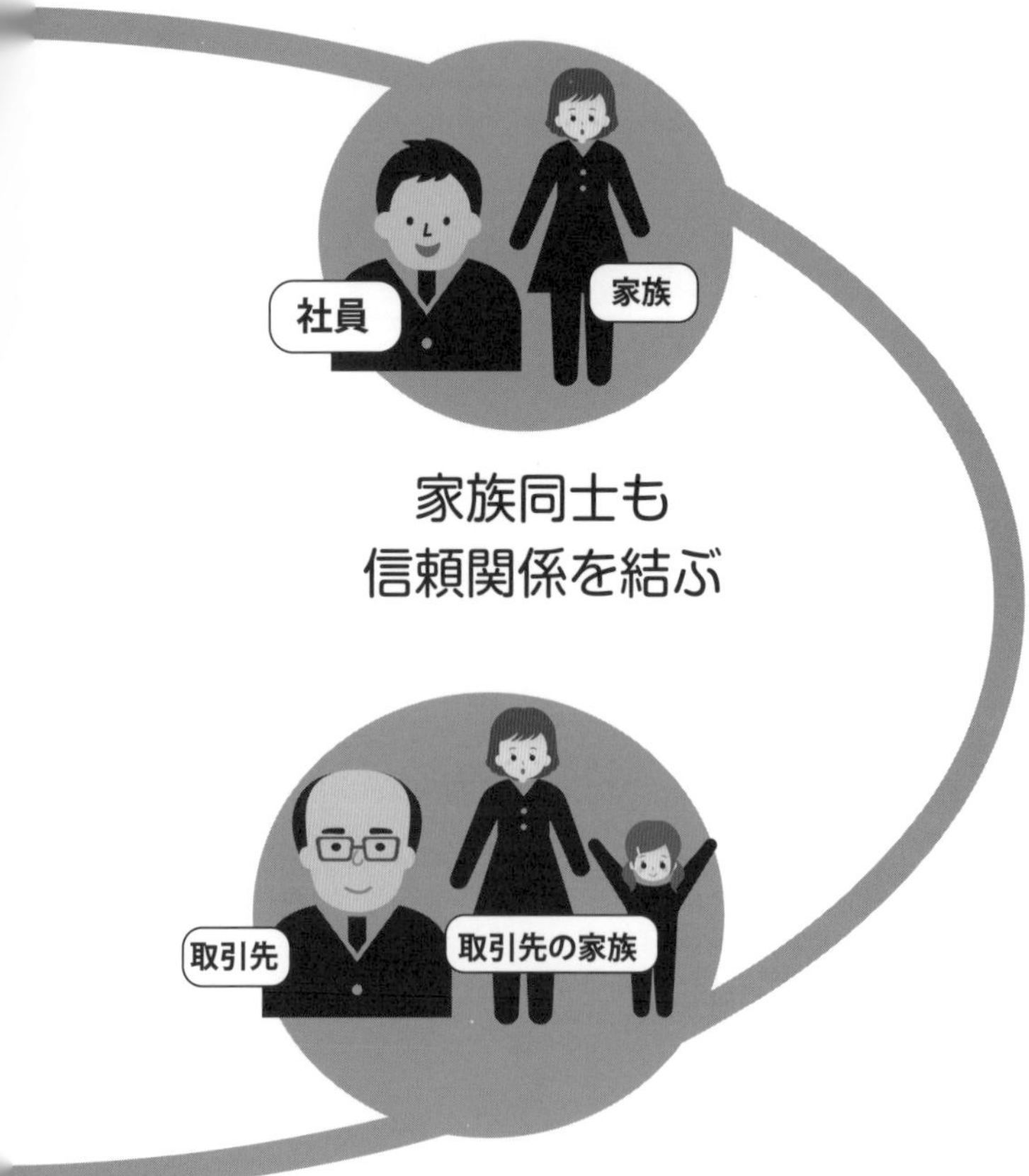
社員
家族
家族同士も
信頼関係を結ぶ
取引先
取引先の家族

全ての人と平等な信頼関係を築く

8 課長は「下に降りる」

信頼関係が生まれると、会社での人生はあらゆる面でサポートしてもらえるようになります。これには、製造した製品が売れるといった直接的なものだけでなく、情報を得ることや必要な人材の紹介なども含まれます。

これが可能なのは、信頼関係という平等な関係で、すべての人たちが結びついているからです。少しでも信頼関係に、上下関係が生まれてしまったら、絶対に下から上に物事が動くことはありません。

上下関係をなくすためには、上の人が、下に降りてくる以外、方法はありません。つまり、お願いするのです。

上から下にものをいうのが注意であり、命令です。しかしこれでは、相手の行動を変えることはできません。唯一例外として、「あらかじめみんなで決めた約束事を破った」と誰にも明らかなときだけは命令、注意が成り立ちますが、それ以外にはまず成り立ちません。信頼を損なう原因となりえます。

課長は信頼関係を維持するために、下に降りてお願いします。

お願いすることとは、他人に協力してもらうことです。これは言葉で相手の行動を直すというものではありません。課長は信頼する気持ちを持って相手に協力を求めるのです。このときに大切なのが喜びや苦しみをわかち合うことで、自分の思い通りの結果を得ることではありません。「信じて頼む」。まさに信頼関係そのものなのです。

お願いすることによって、自分の強い信念を他人に引き継いでもらうことができます。つまり、それこそが会社を継続させること、会社を生き残らせることにつながっていくのです。

こんな言い方していませんか？

信頼関係は「下に降りて」が基本

課長にとって大切なこと

こんな言い方していませんか？

9 課長の行動はすべて「このため」

人の行動は、「すべては生きるため」にあります。

あなたが他人の行動が違うと思っても、その行動は、その本人の中では生きるためにしていることなのです。ですから、否定することはできませんし、否定することもありません。

自分自身が生きるために、他人のことを理解し、その上でどうするのかを導き出す必要があります。

具体的には、コミュニケーションによって、相手との溝を埋めることです。溝とは、知識の隔たりのことです。知識量に違いがあるため、同じ結論を得られないのです。ならば、コミュニケーションによって、その知識量の違いを埋める必要があります。

課長は知識量の差を理解して、コミュニケーションをとります。

平等のもとで決断を下すことが、集団内の秩序を守ることになります。ところが、知識量が平等でない状態で決断を下すので、どうしても軋轢を生むことになります。知識量の多い者は、相手を馬鹿にし、知識量の少ない者は、相手の見下した態度に反発します。

そのような状態では、同じ集団内で共存することなど叶うはずがありません。だから、知識量の多い者は、相手に自分の知識を教え、相手の知識を育み、知識量の少ない者は、その教えに習い、自ら学び（考えて）知識を成長させます。また、知識量の少ない者は、自分の気持ちを相手に教え、相手の心を育み、知識量の多い者は、その気持ちから他人の想いを習い、自ら学ぶ（考える）ことによって、他人の気持ちを読む力を成長させます。

人の営み、その人によって形成される会社の営み。それらはすべて「生きるため」にあるのです。

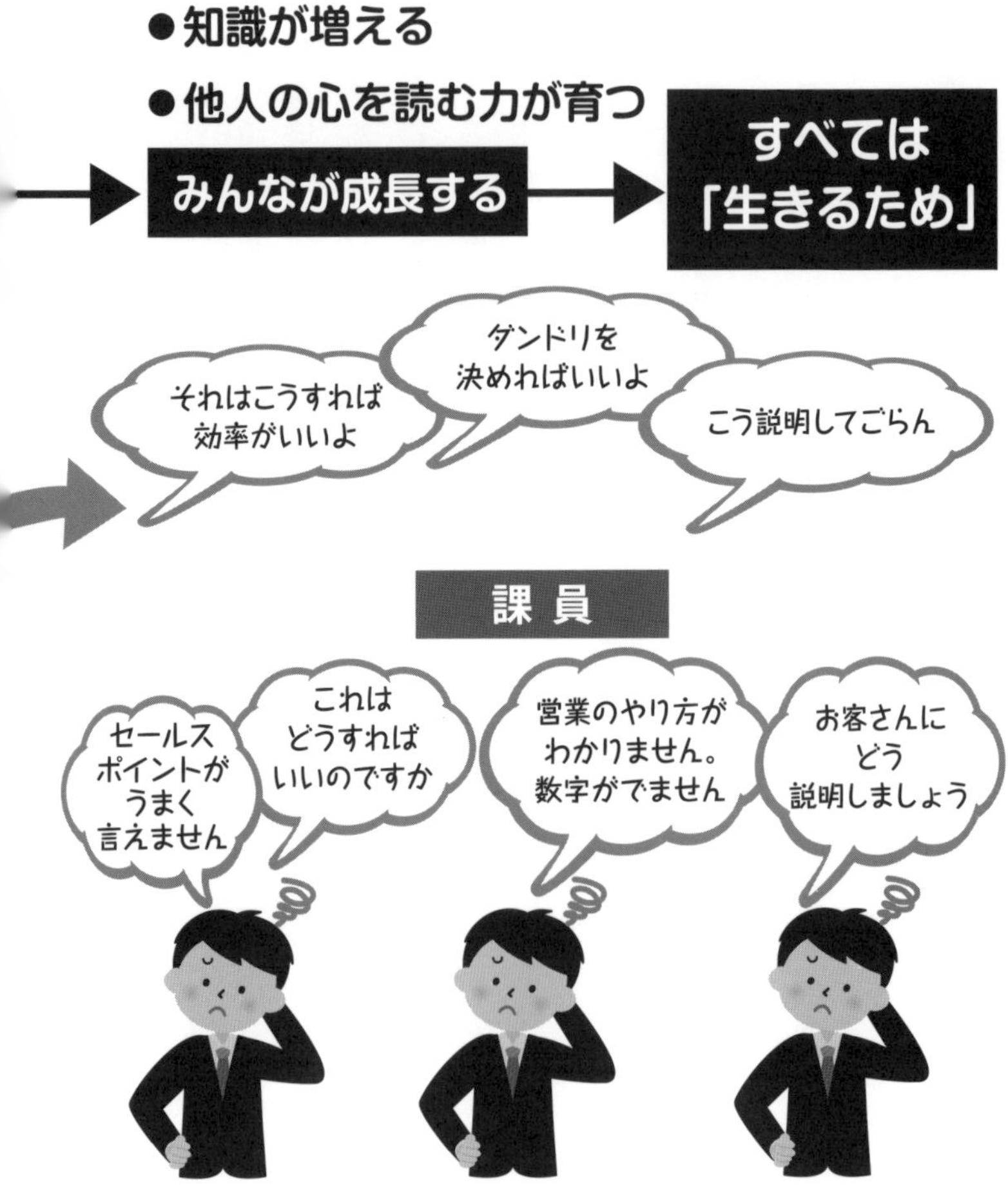

●知識が増える
●他人の心を読む力が育つ
みんなが成長する
すべては「生きるため」
それはこうすれば効率がいいよ
ダンドリを決めればいいよ
こう説明してごらん
課員
セールスポイントがうまく言えません
これはどうすればいいのですか
営業のやり方がわかりません。数字がでません
お客さんにどう説明しましょう

大切なことはコミュニケーション！

わからないことは **コミュニケーション** をとる

＝

信頼関係

一流の課長の仕事

すべては「課長」できまる

2016年12月5日　初版一刷発行

著　者　仙波孝友

発行者　笹田大治
発行所　株式会社興陽館
〒113-0024
東京都文京区西片1-17-8 KSビル
TEL:03-5840-7820
FAX:03-5840-7954
URL://www.koyokan.co.jp
振替:00100-2-82041

ブックデザイン　福田和雄(FUKUDA DESIGN)
編集協力　クワナカズミ(MOI)
編集補助　宮壽英恵
校　正　新名哲明
編集人　本田道生

印　刷　KOYOKAN, INC.
DTP　有限会社ザイン
製　本　ナショナル製本協同組合

ISBN978-4-87723-212-2 C0034